数字图书馆特色资源共享与服务研究

刘 娟 徐 耀◎著

吉林出版集团股份有限公司

全国百佳图书出版单位

图书在版编目（CIP）数据

数字图书馆特色资源共享与服务研究 / 刘娟, 徐耀著. -- 长春：吉林出版集团股份有限公司, 2022.12
ISBN 978-7-5731-2308-4

Ⅰ.①数… Ⅱ.①刘… ②徐… Ⅲ.①数字图书馆–资源共享–研究②数字图书馆–图书馆服务–研究 Ⅳ.①G250.76

中国版本图书馆CIP数据核字(2022)第173495号

SHUZI TUSHUGUAN TESE ZIYUAN GONGXIANG YU FUWU YANJIU

数字图书馆特色资源共享与服务研究

著　者	刘娟　徐耀
责任编辑	宫志伟
装帧设计	白白古拉其

出　版	吉林出版集团股份有限公司
发　行	吉林出版集团社科图书有限公司
地　址	吉林省长春市南关区福祉大路 5788 号　邮编：130118
印　刷	唐山富达印务有限公司
电　话	0431-81629711（总编办）
抖音号	吉林出版集团社科图书有限公司 37009026326

开　本	710 mm×1000 mm　1 / 16
印　张	12.5
字　数	240 千
版　次	2023年5月第1版
印　次	2023年5月第1次印刷

书　号	ISBN 978-7-5731-2308-4
定　价	58.00 元

如有印装质量问题，请与市场营销中心联系调换。0431-81629729

前　言

随着大数据时代的到来，图书馆作为科研、教育资源的中心，主流信息来源也从纸质载体发展为多媒体数字资源。包括我国在内的世界各国图书馆已经将数字资源纳入自身文献服务的主流，以数字资源为主的科技和教育文献服务体系正在迅速发展。但是，在数字资源建设中，许多图书馆大量购买学术数据库资源，忽视了图书馆用户的要求和立足于本馆馆藏的数字资源的开发和建设，导致许多图书馆本馆的馆藏资源无法数字化，其数字资源的主体逐渐发展成为购买的数据库资源，结果图书馆的数字资源千篇一律，图书馆面临着前所未有的挑战。一方面造成了严重的资金浪费；另一方面，图书馆数字资源的利用率不足，对图书馆的功能和社会地位提出了严峻的挑战。

特色数据库的建设有利于开展特色信息服务，有利于改变现有被动、低水平服务作为主动知识附加的服务，促进图书馆服务意识和观念的根本转变。树立这种具有时代特色的服务理念是顺应图书馆未来的发展趋势。图书馆特色数据库建设使分散的特色文献资源系统化、有序整理、深度挖掘、通过网络推广使用，使传统文献在网络环境中重新体现其知识价值和附加值。信息网络打破了图书馆自我封闭的状态，图书馆应加快自动化和网络化建设，加强横向联系和纵向合作。

总而言之，图书馆走数字资源建设之路是必然选择。基于此，本书就数字图书馆资源建设展开深入研究。全书结构紧凑，内容充实，对图书馆学教学、理论研究和图书馆实际工作都具有一定的参考价值，适合图书馆理论研究人员、图书馆管理人员、图书馆实际工作人员及专业师生阅读参考。

本书在撰写过程中，参考和借鉴了近几年国内外专家学者的相关研究文献，在此一并感谢。由于作者水平有限，编写时间仓促，书中存在不妥之处在所难免。欢迎各位读者和专家批评指正。

目　　录

第一章
数字图书馆概述

第一节　数字图书馆的概念

一、数字图书馆概念的理解

首先，现代的图书馆工程建设中往往包含了大量的信息化建设工作，因此在建设方案中往往将图书馆建设与数字图书馆建设并提，最典型的就是国家图书馆二期工程和数字图书馆工程的建设。这就使得普通读者时常难以区分两者的关系与差别，因而常常认为数字图书馆是图书馆的一个功能组成，或者干脆将图书馆建筑信息化和业务流程的自动化看作数字图书馆。

其次，由图书馆建设的数字图书馆工程往往既包括馆内环境建设，又包括数字资源服务，还包括馆内传统业务信息化改造等工作；而由网络信息服务商（如百度等）建设的数字图书馆项目通常只有数字资源服务，而不存在场地和场馆信息化问题。即使都是数字资源服务，图书馆自主建设的数字图书馆和网络信息服务商提供的数字资源服务在服务内容、方式上也往往存在相当的差异。而这些都很难直接利用上述的数字图书馆的定义来区分。

数字图书馆的建设和发展本身就是一个循序渐进、逐步实现的过程，对于它的理解和认识也必然是一个逐步变化和完善的过程，并与当时社会经济环境、技术条件和人类认识水平直接相关。因此，在这个过程中就会出现一些阶段性的相关定义，如自动化图书馆、数字化图书馆以及最新的云图书馆等。

二、与传统图书馆的差别

关于数字图书馆的理解，可以这样认为，即数字图书馆是以信息化思路为核心建设理念，以数字化服务为主要手段的网络信息服务体。它诞生于工业社会向信息社会转型时期，并将在信息社会中承担重要的信息和知识服务功能。

首先，数字图书馆的服务内容，也就是信息本身以及信息服务必须是数字化的，而不仅仅是传统纸质书籍和借还书业务。这就意味着数字资源的收集和整理将是数字图书馆一切活动的前提，而基于传统介质的业务数字化改造，如 RFID、自助借还书系统、网络订阅和催还等服务，虽然也是信息技术应用成果，但它们都不属于数字图书馆的业务范围。

其次，数字图书馆的建设和服务理念必须是以信息化思路为先导的，而不是试图将现有图书馆业务通过数字化形式来展现。虽然数字图书馆起源于人们对图书馆传统业务的改造，是图书馆在数字环境下的一种再现，但是数字世界有其自身的规律和特点，人们建设数字图书馆就要严格遵循信息时代的规则，而不是因循守旧于传统业务。比如在数字服务中使用"册"数来约束用户并发数量，虽然看起来是版权问题，但实质是传统业务理念和业务思维的制约所致，与信息化的思路格格不入。

再次，在工业社会向信息社会转型过程中，数字图书馆也处在不断发展变化的状态中，并随着整个社会信息化的进步而进步。数字图书馆的建设离不开其所处的社会信息化背景，不可能超越这一时代环境，直接实现理论上理想的知识服务。这主要不是技术层面的问题，而是涉及整个社会经济生活与人们行为和思维习惯。

第二节　数字图书馆的特点及作用

一、数字图书馆的特点

探讨数字图书馆的主要特征是为了更好地利用数字图书馆。目前，数字图书馆在网络环境下主要呈现出六个特征：信息资源数字化、信息内容动态化、信息组织智能化、信息服务网络化、信息利用共享化、信息服务知识化。

（一）信息资源数字化

信息资源电子化，是数据资源的主要特点。而数据图书室和普通图书室的主要不同之处在于，数据图书室的根本特点在于对信息的保存和传播的电子化。数据是传播信息的重要媒介，由于信息依附于数据而产生，脱离了大量的信息来源，数字图书馆便成了无源之水、无本之木。所以，数字图书馆成立初期，重点是信息的数字化，只有拥有丰富的数字信息，数字图书馆才能打下基础，数字图书馆才能通过多种手段为客户提供信息咨询服务。

（二）信息内容动态化

信息动态性也是数字图书馆的形式特点。数字图书馆把图书、杂志、电子数据库、互联网、多媒体信息等各种数据载体和资料来源，在数据单元的基础上有机地组合和连接起来，以动态分布形式向使用者提供公共服务。

（三）信息组织智能化

内容机构智能化，是数码内容的重要结构特点。数字图书馆不但积极组织和供应资讯，同时更是一种推动资讯传播、收集、交换的知识元平台，还可以实现高附加值的知识库管理和知识导航等服务。随着计算机和网络信息技术的蓬勃发展，数字图书馆也将向高智能发展。

（四）信息服务网络化

在信息资料数字化的基础上，数字图书馆还必须借助以互联网为首的现代信息技术基础设施来完成，其服务范围也是传统图书馆无可比拟的。计算机网络可以将散落于世界各处的网络资源有效地连接起来，并利用互联网实现了分布式的资源控制与存取，从而让客户可以生活在互联网到达的任意位置，而不受时间、地点等的限制，自由而便捷地利用多种方式获取自己所需的信息。互联网信息技术的发达给数字图书馆无缝服务带来了便利，数字图书馆能够在任何时候、任何地方，向任何人展示所需的信息。

（五）信息利用共享化

在信息传播数字化与互联网的基础上，数码图书室的信息技术运用既反映出了跨区域、跨行业的信息资源共享无限和服务范围无限的特点，也反映出了跨区域、跨国界的信息资源共建的协同化和共享的便捷性。通过信息内容传播的互联网，使广大的图书馆可以通过互联网收集各种数字信息资源，以满足日益增长的信息需要。从技术上来说，当今世界的人们都能够使用网络浏览任意一家数字图书馆，并对其信息内容资源实现权限内的自主使用。而这些应用又不受地理位置和时代的影响，使数字图书馆真正做到了信息内容资源在世界范围内的全面资源共享。

（六）信息服务知识化

知识服务以互联网信息搜索查询为基础，为用户提供有用的信息和知识。一般来说，知识服务提供新闻摘要、问答搜索、论坛服务、博客搜索、网站排名、情感计算、趋势分析、热点搜索、集群搜索、信息分类等知识服务。知识服务和知识管理等概念的提出与技术的发展密切相关，其内涵在不断发展和变化。

二、数字图书馆的作用

信息技术、通信技术、网络技术等发展推动了数字图书馆建设的迅速发展，数字图书馆建设对一个组织、一个国家，甚至全世界影响重大。其作用具体可以概括为以下几点：

（一）数字图书馆是一个数字资源中心

传统图书馆向数字图书馆转化过程中，积累了大量的资源，为了能更好地保存资源、利用资源，将资源数字化是一种有效手段。经过 10 多年的发展变化，日积月累，数字图书馆拥有了海量的数字资源，此类资源包括卫星、遥感、地理、地质、测绘、气象、海洋等科学技术数据和人口、经济统计数据等。数字图书馆的建设很大程度上是一个数字资源中心的建设。数字图书馆的资源主要来源于早期的纸质资源数字化。近几年，随着网络技术的发展，电子出版物日益成为数字图书馆数字资源的主要来源。目前互联网也是数字图书馆数字资源一个庞大的来源地，通过对网络资源的加工整理，有越来越多的资源可供数字图书馆使用。

数字图书馆首先是资源的数字化，只有充足的数字化资源，才能通过网络为广大用户提供优质的信息服务与知识服务。

（二）数字图书馆是一个教育平台

在现代社会工作生活环境下，人们需要进行终身学习。但限于时间原因，让每个人重新走入大学学习是不太现实的。网络化数字环境下，数字图书馆成为业余教育中心、在职教育中心，甚至趣味教育中心。人们在这里可以开展各种有益的学习与沟通，进行文化的、休闲的、娱乐的学习，能丰富人们的生活，促进人们素养的提高，为整个人类发展做出贡献。

（三）数字图书馆是传承文化的平台

图书馆担负着保存和继承人类文明的重要责任。在人类社会几千年的历史发展过程中，图书馆随着社会的发展而发展。图书馆在我国的发展已有 100 年的历史，改革开放以来，我国形成了较为完善的公共图书馆服务体系，为提高全民族素质、促进社会文明进步做出了重要贡献。

数字图书馆也是传承文化的平台，通过数字图书馆，各种文化在这里得以延伸，人们通过网络，就可以更方便地了解和学习各国文化历史；它也为各民族、各国家文化的继承与发扬提供便捷的工具平台。这里所指的文化平台主要包括图书馆、博物馆、档案馆、大学、政府部门提供的各种文化资源。人们通过此平台可以便捷地获取有关历史文化知识，加深民族认同感。通过该平台可以向世界展示各自的经济文化各个方面的发展水平，为人类的文明进步和发展做出应有的贡献。

（四）数字图书馆是国家新信息基础设施的重要组成部分，将成为国际高科技竞争中新的制高点

1. 数字图书馆将成为 21 世纪世界教育技术竞争的重点所在。这个竞赛既是教育科技的竞赛，又是人文与思想的竞赛，是知识经济时代的重要市场竞争。国家依靠信息产业促进社会经济高速增长已经是不争的现实，因此世界各主要国家和不少发达国家也纷纷开始制定本国的信息产业社会经济策略，以期在未来的国际竞争中立于不败之地。而在互联网信息时代，谁首先把握了信息技术的资金库，谁也就把握了先机。

2. 数字图书馆项目不仅是高科技项目，也是各部门、各领域的主要技术项目，因此需要政府部门出面制订整体计划、指导与协作，并从经费等政策法规层面予以扶持与保护。

3. 数字图书馆项目目前已获得良好的技术保证和巨大的经济效益前景。以中国为代表的数字图书馆的建设和运营非常有效地获取了数据资产的附加值，在人才建设和技术创新领域取得了突出的成就。同时，一些发达国家已经确定了数字图书馆的基础建设、技术手段与运营模式，研发出相应产品与装备，并获得了十分宝贵的工作实践。

4. 不仅首先要发展为数据书库，并且在此基础上，继续选取图书室、档案馆、博物馆、文化艺术、音乐电影、新闻出版、文化旅游、体育等其他国家重要文化信息资料单位相关的文化信息资料的精华，进一步发展为数据式信息资源库，并利用这种丰富的文化信息资料形成图书信息资源网，并借助因特网向世界宣传。

5. 设立中文数字网络工程实际上也相当于建立中文互联网。它对人们继承和发扬中华文化，促使中国在未来全球化国际竞争中争取主动权具有重大的社会和文化价值。目前，一些发达国家和地方也开始重视使用中文互联网。如果人们不能牢牢抓住机会，就一定会在汉语信息方面失去主导权，进而损失巨大的社会和经济效益。

第二章
数字图书馆信息资源管理

第一节　数字图书馆信息资源的配置、采集与编目

一、信息资源的种类

（一）按载体材料和存储技术划分

①印型资料：以纸张材质为媒介，通过各种印刷技术将文字图片记载在纸张上，方便阅读使用，但储存密集程度较小，生产过程不易自动化；②缩微型资料：以光敏材质为媒介，通过激光传感缩微方法将文本图片直接记载在光敏材质上，储存密集程度高，方便收集查阅，但技术投入较大；③声像类信息来源：以磁性的光学材料为传播媒介，以磁录光录的方式进行语音和视频记录，密度大，内容直接、表现力好，容易接收，但需要读写等；④电子化资料：利用计算机和储存手段，数字图像音视讯和电子化资料，光盘和网络介质等，信息密度大、读写快捷、远距传播。

（二）按加工深度划分

①零次信息：信息在成为文件之前的存在状态，也就是正在进行的研究，可能比已经发表的文件具有更高的价值，可以填补一些高科技领域的空白；②一次信息：根据本人的研究工作或成果写作、制作和出版，提供新知识，直接查阅参考价值，搜索利用的主要对象；③二次信息：对原始信息进行加工、提炼、压缩

后得到的工具性信息，也称为二手信息，便于管理大量分散无序的原始信息，一次性提供信息线索，节省搜索时间；④三次信息：根据一定的目的和需要，在广泛利用第一、二信息和其他三信息的基础上，综合分析和提取相关信息知识，进行重组和概括，是对已有信息知识的再创造，从而进一步增加其价值。具有综合参考价值高、系统性好的特点。

二、信息资源的特点

随着计算机网络技术、数据库技术和多媒体技术的发展，人们不断赋予图书馆新的含义，并产生了许多相关的新名词：电子图书馆（Electronic Library）、虚拟图书馆（Virtual Library）、虚拟现实图书馆（Virtual Reality Library）、无墙图书馆（No Wall Library）、全球图书馆（Global Library）、智能图书馆、智慧图书馆、移动图书馆。这些不同名称，只是人们为了从不同的角度描述 DL（数字图书馆）的特征，不断将各种高科技应用到 DL 所产生的概念。数字图书馆是现代信息化条件下出现的新兴图书馆，伴随互联网与网络信息技术的发展和完善，馆内资料来源的数字化、网络化是满足更多的图书馆使用者希望借助互联网获得自身所需的各种资料的必然需求。它是将数字化资料及其信息流入馆内并进行有效使用的一项新兴信息提供手段。几乎馆内各种载体的资料均采用电子化方式储存与处理，利用包括 Internet 与互联网的计算机网络服务功能，方便用户随时查阅。在互联网条件下，信息组织的内容越来越多样，数据规模也相应增加，涉及数字、视频、语音和视频资料等，信息组织已经不仅停留在对数据信息的表述，而且深入到数据单位、数据单元。数字化图书馆的数据信息具备独特的优势与作用。

（一）信息资源数字化

这是现代数码图书室的最大特点，更是和常规图书室的主要区别。信息存储的主要形态也从以纸质书为媒介的传统印刷式文献转为了现代互联网数字化电磁信息技术，从而减少了空间，也提高了组织形式。数据是信息载体，资讯就依附于数据而产生，脱离了资源的数字化，数字资源也就成为无源之水。这也是学校图书馆信息的电子化发展的一个难点，因为按照学校的藏书数测算，既是最好的扫描仪，又是个天文数字。大致可分为两步走：第一步，两个文档并存，同时做好了电子编目和电子查询的工作，为实现电子化做好了前期准备；第二步，逐步实现了图书资料电子化。数字图书馆所要求使用的数字化资料主要有文本、图形、视频、动态图形、数码音频、数字视频等超媒体信息，并能够通过计算机技术对它们加以创作、处理、传播、交换以及二次开发。由于信息来源数量很多，只有把它们加以科学合理的利用，才能最大限度地增加数据的效益。目前的数字化图书馆一般采用这样三种管理方式：一是文本方式，主要用来对非结构化的图像资料加以组织与管理；二是超文本方法，这个方式把网上相关的数据随机地联系到一起，形成网状结构，使用者可从每个结点出发，以不同的视角查看数据；三是主页方式，这是将某对象的信息集中在一起，全面介绍，因特网则采用这种方式。

（二）信息传递网络化

数字图书馆利用了由宽带网构成的因特网和万维网，把全球各地的图书馆与数万个计算机系统联为一体，在线搜寻信息资料，并直接向互联网上传递信息，从而突破了书印文献的局域性和局限，能够跨越空间搜索，从而极大地减少了消息传输的时限和消息提供商与用户之间的距离，进而提高了消息交换和传递的速度。信息检索功能齐全，可提出题名、著者、主题词、关键字、电话号码、年份、出处等各种检索途径。这些已数字化的信息内容将以机读数据的形态出现，既能在计算机系统内高速处理，也能利用通信网络实现长距离传递，而不受时间、空间的局限。

（三）信息利用共享化

信息数据库具备通用性、开放性和规范性的数据结构。在信息网络条件下，可被多种客户使用，共享数据资料。因为有了电子化与互联网的坚实基础，信息技术的资源共享显示了跨领域、专业信息无限丰富与价值无穷的特点。"馆藏"信息资源已不再是"私有"的，而是面向全世界，所有人获得的公共服务都是"虚拟馆"的信息资源，而原有的信息资源围墙也将被逐步清除。

（四）信息提供知识化

信息资源内容丰富，类型多样，输出方式灵活。数字图书馆将把图书、杂志、声像材料、电子数据库、互联网等各种数据媒介的资料来源，在信息单元的平台上有机组合和联系起来，并通过动态分布式的方法向使用者提供信息。就和普通图书馆一样，从数字图书馆开始也将完成从资料的供给向信息的供给过渡。数字图书馆知识供给的理智化，将帮助人们构建起"知识宝库"，而书籍管理者也将变成信息引航员。而随着信息加工的知识化、智能化，和构建起完整的信息检索系统，将使数据供给的多次性满足转化为数据供给的一次性满足。

（五）以用户为主的信息资源服务模式

利用计算机网络，使用者仅需要在办公室或家中的电脑上，便能够对远程的企业实现在线访问、查询。当使用者在检索活动中遇到困难时，图书馆员和数字图书馆可以向使用者提供各种各样的便捷的咨询服务，实现了双方更为紧密的合作与互动。

三、信息资源采集的方式

（一）购买方式与非购买方式

（1）常规购买方式：如订购、预订、赊购。

（2）常规非购买方式：如呈缴、捐赠、无偿调拨、无偿征集等。

（3）其他方式（包括混合方式、中间方式、特殊方式）：如购买使用权（租借）、竞拍、交换、附购性呈缴、有偿调拨、有偿征集，复制、自行制作。如果考虑到"其他方式"中的下位类不好准确界定，建议采用 N 分法，在常规购买方式、常规非购买方式之后并列枚举具体方式，即：常规购买方式、常规非购买方式、交换方式、租借（购买使用权）方式、竞拍方式……

（二）两组并列性的采购方式

除了已知的购买方式以及非购买方式两种采购方式，肯定还存在着其他并列性采购方式分类，并且结合当前实际情况，将原有的图书馆文献采购方式进行区分，分为集团采购与独家采购两种采购方式具有重要意义，并且将其纳入政府招标采购以及自主采购当中也有着重要的实践意义。

以上的两种采购方式有着较为严格的排他性，同时如果从采购对象层面进行细分，那么这两种都是属于有偿性的文献购置范畴，是从文献购买方式不同角度来对其进行的分类方式。

四、信息资源的编目

信息资源的编目包括传统文献编目和网络资源编目两种形式。

网络资源的编目就是描述、标引网络资源的内容和形式特征，指引用户如何使用网络资源，网络信息资源所独具的特点，亦是其编目的难点，所以网络资源编目工作面临着前所未有的困境。网络资源编目的标准和规范如下。

（一）网络信息资源的 MARC 格式编目

1. MARC 格式编目的优点

（1）MARC 格式是目前世界体系中最完备、构造最复杂、描述最严格的元数据格式，它的规范程度也最高，兼容性强。

（2）在 MARC 产生的几十年时间里，MARC 一直处于不断发展完善的过程之中。为了适应环境及发展的需要，MARC 经过多次修改，调整补充了多个字段。

（3）MARC 必须严格地按照 AACR 的相关要求，尤其是在原则上，应保证其数据元素组成的一致性，以便于数据交换。因此，增加反映网络资源信息 MARC 字段，完善软件功能，同样可以获取如传统编目 MARC 格式的声誉，而且用 MARC 格式著录的网络资料信息将比 Dublin Core 描述的信息更加准确和易为人们所信赖。

（4）在比较长的一个时期内，MARC 和 AACR 始终是图书日数据表示方面的首选方法，就全球范围内来说，由于当前大多数的图书记录都是按照上述方法进行编写的，因此不管是从信息表述的内容丰富化，还是从信息检索的查准率上来说，MARC 和 AACR 都是遥遥领先的。面对网络资源的冲击，图书馆最直接采取的方法就是使用传统的 MARC 对网络资源进行著录。

2. MARC 格式的局限性

（1）格式过于烦琐、针对性太强。MARC 有烦琐的著录规则、标准和数量庞大的论文段。

（2）MARC 的编目成本较高，且速度慢。

（3）MARC 必须在专业的软件中应用，并且不太适合互联网的环境。

（4）MARC 是被结构化的特殊系统的著录形式，只有经过专业训练的图书馆或专业技术人员方可从事文献著录业务。

（5）对 856 字段的维护工作，以保证其所提供数据信息的一致正确性。

（二）网络信息资源的元数据编目

由于 MARC 方法对网络资源的处理等方面存在着一定的不足，这就必须建立新的信息方法以克服它的缺陷，元信息的理论正是出于研究和管理网络数据信息的需求才被提出来的。于是，建立一个更简单的元数据模型和构架，并且能在网络中为各种用户所接受的标准化元数据元素集就显得非常重要。都柏林核心（Duhlin Core，简称 DC）作为学科内数据表达的首选者，已获得了国际的普遍认可，并成为目前在国际应用中最为普遍的元数据格式。

都柏林核心作为一个全新的元数据模式，越来越受到国际学者的重视，许多论文都使用了很大篇幅详细地阐述了 DC 元数据分析的发展历史，3 大类、15 个数字成分和限定词，都柏林中心的特点与设计等。都柏林核心之所以能够成为网络信息资源的著录标准，是由其自身的优越性决定的。都柏林核心的特点是：内容简单明了，可以同时供非专业的编目专家以及信息评价人员使用；语义互用性，可以统一地将内容定义为更广泛地被人类所认识的描述符组合；全球认可，得益于全球 20 余个成员国的积极参与以及支持；可延伸性强，适合于对更多的信息和内容的结构，以及更详细描述的语义编码；整体性强，它总结了网络信息来源的主要特点，包括了对网络资源的主要查询点、辅助查询点，和有意义的说明性信息；一致性强，DC 可以通过内嵌到 HTML 语言中来支持其对网络资源的描述，而且 HTML 语言已经作为一个标准化的超文本标记方式，在所有通用网页中都支持了对它的描述。

都柏林核心虽然是专门根据网络资源所建立的一个著录格式，但是因为当时它还处于发展的初级阶段，所以不可避免地出现了某些问题。

（三）MARC 格式与 DC 元数据的映射研究

目前，全球和国内的图书馆的编目工作大体上都遵循了 MARC 模式，但同时很多图书馆中也存在着数以万计的 MARC 格式的图书信息，以及如何把图书馆资料与信息资源融于同一体系当中，将 Dublin Core 元信息和 MARC 格式图书信息互相转化，从而达到了 DC 和 MARC 的相互映射，这也是网络信息资源编目研究的一个热点问题。因为 DC 和 MARC 的不相容，给相互操纵造成了非常大的麻烦。所以，需要构建 DC 和 MARC 元数据的反映，把所有 MARC 形式下的元数据反映到 DC 形式中，以便于在 DC 架构中进行互使用。从理解上来说，从 DC 到 MARC 或者任何元数据格式下的反映并不算一件非常麻烦的事，因为任何一个结构化的数据类型都可以转换成另一个数据结构，解决 DC 到 MARC 的映射问题，也就解决了元数据互操作问题中的核心部分。

网络时代的图书馆更加注重于信息资源的集成与信息的无缝化，但是，信息资源的集成并不意味着对所有信息的单一集成，而是要求通过各种信息技术手段对所有资源进行最高效的集成，使各类信息资源构成了一个有机的整体。不断研究 MARC 和 DC 之间的映射，就可以使传统资源与网络资源有机地结合在一起，向用户提供统一、全面的检索平台，克服数字化资源与纸质文献资源彼此分隔的弊病。

五、编目服务外包

图书馆的编目服务外包是指图书馆将编目任务以合同方式委派给在馆外负责编目的专门机构（如书商），并进行编目数据处理的服务业务。编目服务外包的内容主要分为两个层面：一是图书文献媒介的物理制作工作，如粘贴磁条、添加馆藏印章、粘贴条码、贴书标等；二是文献信息的处理，即一般所说的编目处理工作，如文献分类、标引、主题分类、文章著录、藏书信息等。从 20 世纪 90 年代开始，随着自动化、信息化、网络化发展步伐的日益推进，国外图书馆编目外包业务也步入了一个全新的发展阶段。图书馆的编目服务外包，可以发挥减少图书馆办公投入、节省人力资源、提高数据信息传播速度等的功能，可以缓解图书馆因面临着新科技、新类型的数据信息传播所带来的在人才技能层面上的欠缺的情况，并帮助图书馆更有效地集中利用馆内有限资源，进行以用户为核心的项目工作。

第二节 数字图书馆信息资源的流通阅览与管理

一、流通阅览工作的特点

在互联网条件下，图书馆的业务模式也发生了巨大的改变，尽管原有的业务模式仍然存在，但全新的业务模式得到越来越多用户的青睐，个性化服务更是图书馆工作中重点研究和探讨的话题之一。

数字内容的个性化提供是以内容提供商的视角为用户量身定制的内容提供，而消费者感受的是消费者通过这项业务的体验和享受。因为信息服务提供者与客户在理解方面出现差异，所以，信息服务提供者只能透过与客户的互动，理解客户在使用个性化服务时的经历和感受，从而给客户带来更为切合客户实际的和更为有效的人性化服务。应该认为，客户体验与数字图书馆的功能如出一辙，就是方法和方式的问题，使客户得到愉悦的感受是出发点，而数字图书馆带来的个性化服务才是达成这一使命的方法。

流通阅览个性化信息服务的特点有以下三方面。

（一）信息服务内容丰富多彩

计算机、多媒体和网络通信技术的迅猛发展和综合利用，促使了人们走向信息时代。网络资讯的快速增长、信息形态的多样化和信息传输的迅速发展，从而使得图书馆服务变得更加完善与多样化。在当前图书馆网络数据库当中，读者希望图书馆能够为自己提供更加多样化，并且准确有用的信息内容，并且能够根据自己的需求提供服务。不仅如此，读者对图书馆所提供的服务以及对应的时间、地点等也有着一定的要求。

（二）与读者沟通更方便

个性化信息服务是需要通过一定的读者信息服务平台来为读者提供相对应的

服务，这样才能够使得读者利用平台获得自己所需要的服务，更好地满足读者自身需求，同时，也能够借助平台更好地收集读者对服务方面的需求，反馈平台与服务使用的结果，借助平台数据也能够更好地了解到读者的兴趣以及多样化的需求来不断地完善图书馆服务内容以及提高服务质量。

（三）服务更加注重时效性

个性化功能可以提高资讯的准确性，同时可以主动把适合用户特点和需要的资讯适时传递给用户，同时能够给用户带来更适合的讯息源，消除不适合资讯的影响，大大地节省了用户在资讯世界中寻找的时间。当读者建立账号后，即可在任意地点使用互联网浏览器的个性化系统检索所需的资料信息。

二、流通阅览服务与创新

（一）改进服务意识

流通工作不要仅仅停留在过去的被动服务工作状态，而应该要扩大流通部门的服务范畴，加深服务内涵，逐步转变被动服务工作为主动服务，积极开展个性化服务。在互联网环境下，图书馆的所有员工都必须确立"读者第一，服务至上"的思想观念，改善服务态度，掌握好服务技巧，急读者之所急，想读者之所想，摆正自己与读者的服务与被服务的位置。

（二）改革服务手段

传统的流通阅览服务已经逐渐地不适应当前读者阅读需求，而在网络信息技术融合之下则是使得服务逐渐变得多样化与个性化。在图书馆服务当中能够有效地为读者提供网上预约、催还以及续借等方式，如开展邮箱业务，可在信息系统中设置个性化的信箱，用户可利用该信箱了解该馆的收藏范围、馆藏规模、新书情况等，并利用服务信箱为用户预约已借出的书籍，做到预约书籍到馆提醒，需要预约书籍到期催还提醒，需要新书到馆提醒等业务。不仅如此，还能够通过网上平台，为读者提供续借服务，同时图书馆也能够通过平台对读者进行图书催还，借助平台或者微信、短信等方式提供催还服务。

（三）My Library 的应用

很多图书室的信息管理系统中都具有 My Library 功能，My Library 最能体现图书室的人性化服务。而所谓 My Library 业务，是以使用者为核心，以人性化选项为主要用户界面的图书馆信息资料搜索方式，是基于使用者特点而提出的图书室信息咨询服务。使用者也可从数字图书馆申请并获得一定空间，按照自身的兴趣和专长领域建立相关信息服务订制，信息系统按照使用者特点的差异而给出差异化的信息内容、咨询服务方案和咨询服务效果，支持使用者获取与其特点表述一致的数字化资料。而个人书库则是一种网络人性化服务模式体系，是一种完全个体化的私人信息业务管理空间。在个人书库里，一方面客户可以透过对系统页面、资料组合、检索工具、系统服务等的订制来打造轻松的人性化页面和对书库及其信息系统和业务的简单的链接；另一方面，信息系统也透过一个人性化的资讯编辑工具来制作、整理、处理和保护客户的人性化资讯（个性化文章、读书笔记等），构建网络上信息时代的"私人藏书楼"。

（四）OPAC 检索系统的改进

OPAC 检索系统可以说是流通阅览部的门面，很多读者进入图书馆查阅资料，都是先检索好索取号再到书库找书。现在国内图书馆使用的图书馆系统，都比较旧，虽然检索机更新很快，屏幕是液晶的，可是 OPAC 的用户界面没更新过，显得不够人性化。OPAC 搜索界面中通常都是一成不变的多个项可供搜索，比如：题名、责任者、主题词、分类号等，但不支持组合搜索，没有相关词建议，回复信息经常是"没有满足条件的记录"。有专家认为，理想的 OPAC 系统应该具有用户友好的界面，提倡用户参与和学术合作。它应该具备这样一些特性：具有组合查询，关联词查询和错误提示的能力。检索结果的排列应该有多种选择（按年代、字顺等）。用户可以编写标签和书评。可以根据系别、喜好建立群，通过群实现学业或学术交流。

第三章
数字图书馆资源建设

第一节 电子资源的选购

商业电子资源，又称为商业电子出版物，一般是指由出版社或者电子信息供应商制作出版的、商业性的正式刊物。企业电子资料一般包含企业资料库、电子杂志、电子图书和其他电子资料，这些资源一般通过订购或授权在图书馆的界面供图书馆的使用者及远程读者使用。该馆每年对此会做出一定规模的资金支持。

选购商业电子资料也是虚拟博物馆发展的重要途径之一。该馆将按照相关组织的采选方式与要求，直接与电子资源提供者达成使用协议，付费购买其所有权，让读者在线利用本馆具有权利的所有电子资料。购买商业电子资源是目前虚拟博物馆的最主要、最简单、最方便的一种方式。

一、采选原则

电子资源的采购是为了能够更好地满足当前学校教学多样化的需求，能够帮助学校教师在进行科研过程中，提供更丰富的信息资源服务，使得相关人员能够更加全面便捷地获取所需要的科研信息内容。那么各类型图书馆，在对相关电子资源采购的过程当中，要切实地结合图书馆实际情况以及在今后发展的目标和任务等，更好地满足读者的个性化需求，综合以上所有的因素来制定采选原则，才能够更好地发挥出其服务功能。图书馆选购商业电子资源应遵循以下几条原则：

（一）针对性原则

电子资源选购要具有较强的针对性，要结合实际的图书馆在今后发展的方向以及读者的需求，有针对性地进行电子资源选购。

（二）精品化（权威性）原则

应选用国内认可的、认可度最高的、具有权威的电子资料，以保证在采购中的电子资源质量。

（三）网络化原则

即尽量选择网络型数据库。坚持此原则既能保证电子资源有较快的更新速度，又便于读者的利用和信息资源的共建共享。

（四）效益性原则

电子资源的采购具有连续性的特点，而且其价格每年按一定比例上涨，因而一旦决定采选，图书馆每年要预留固定的经费。因此，在数据库的选择过程中，要关注价格性能比。

（五）兼顾性原则

既要兼顾印刷本文献资源与电子资源协调统一，又要兼顾全文数据库、参考数据库与事实数据库的协调与统一。在有限的经费条件下，既要满足读者对信息资源的最大需求，又要实现经济效益的最大化。

（六）协作性原则

凡可以集团联合购买的电子资源，应参加集团购买以争取更优惠的价格和更优质的服务。

（七）便捷性原则

采购电子资源时，应尽量选择设立镜像站点或通过专线访问方式，以方便读者对电子资源的获取；同时应充分考虑读者使用习惯。例如，使用界面是否友好，系统维护和系统管理是否方便，相应的硬件、软件设备配置是否合理等因素。

（八）长期保存性原则

要保证图书馆在订购合同期限内对电子资源的长期保存和永久使用，不能因取消订购合同或合同到期等原因而影响其对原合同期内数据的长期保存和永久使用权。

（九）服务优化原则

以用户的需求为中心，保证电子资源服务的可靠性、有效性和稳定性，应保证提供不间断服务，应保证服务器端网络接入和存取速度的方便、快捷、高效，必须保证内容完整、功能齐备以及支撑服务可靠、稳定。根据用户的需求，随时提供多种形式的用户培训，并且为用户提供良好的质量跟踪服务。

以上为商业电子资源采选的一般性原则，针对一些特殊类型的图书馆，根据其特殊要求，应制定相应的特殊原则。

二、采选标准

从图书馆的发展历史来看，图书馆对于印刷型资源的采集、组织、管理、流通、利用形成了一系列操作性很强的标准和规范。然而，随着数字馆藏在图书馆馆藏中所占比例的不断扩大，特别是商业电子资源的急剧增加，数字时代的信息资源建设面临着资源选择标准的重新定义。现有的印刷型文献选择标准已经不能适应数字馆藏的收集和选择。

从目前国内外的研究情况来看，商业电子资源的获取和选择还没有统一的标准。但根据国内外学者对商业电子资源评价标准的研究成果，我们认为选择标准应主要从电子资源的内容、检索系统和功能的统计分析、电子资源的性价比、出版商和供应商的服务等方面来确定。

（一）电子资源的内容

电子资源的内容是图书馆选择商业电子资源的首选。图书馆在选择任何一种电子资源之前，首先要获取与其内容相关的主要信息，并对这些主要信息进行分析、比较和研究，从而明确电子资源所包含的内容是否符合图书馆服务对象的需求，是否符合信息资源建设的发展方向，是否具备广、快、精、准四大特点。所谓"广"，即内容的全面性；所谓"快"，即内容的时效性；所谓"精"，即内容的权威性；所谓"准"，即内容的准确性。考查电子资源内容的具体指标包含有量化指标和非量化指标，主要包括以下四点。

1. 绝对质量

绝对质量是指所收录信息自身质量的高低。主要根据收录的资源类型及其数量、时间跨度、核心出版物数量、数据来源的权威性、数据更新周期、注销出版物数量等因素来衡量。

2. 相关程度

相关程度是指这种商业电子资源的包含范围与个人图书馆信息资源建设目标的相关性。相关性越大，其相关程度越高，反之亦然。任何一种商业电子资源的绝对质量再高，但它与具体图书馆信息资源建设的目标不相匹配，也就是说它的相关程度较低，该电子资源也不可以列入图书馆的采选计划之内。一般情况下，相关程度应在75%以上。

3. 重复率

实体馆藏与虚拟馆藏是数字时代图书馆信息资源建设的两大重要组成部分，商业电子资源又是虚拟馆藏的主体。在商业电子资源的采选之前，要将电子资源的包含内容与图书馆现有资源进行比较，计算它们之间的重复率。如果重复率过高，图书馆就要通过制定相应的政策对资源类型或同类资源进行调整，以降低其重复率。否则，该电子资源不应列入采选计划之内。一般情况下，重复率不应超过30%。

4. 一次文献的数量

互联网和计算机技术的发展，为全文型电子资源提供了传输便利和海量存储的可能性。在文字型电子资源中，全文型电子资源所占的比例最大。在数字信息资源建设过程中，全文电子资源在所有电子资源类型中所占的比例和在特定数据库中一次文档数量所占的比例是电子资源选择过程中的两个重要参考标准。一般情况下，在一个图书馆内部，其全文型电子资源的数量应不低于其商业电子资源总数的2/3；每一种全文型电子资源中一次文献的数量应不低于50%。

（二）检索系统及功能

电子资源和印刷体资源最大的区别是，电子必须利用一定的搜索系统才能使用。搜索系统也与电子资料的内容有关，搜索系统各种功能的好坏也直接影响电子资料内容的利用。由于不同搜索系统的功能不同，即使使用相同电子资源不同的搜索系统，搜索结果、搜索效率等也会有所不同。搜索系统设计和功能是电子资源选择过程中需要考虑的关键因素。调查搜索系统及其功能的主要指标包括搜索系统提供的功能、信息搜索技术和方法、搜索结果管理方法、用户服务功能等。

1. 检索系统提供的功能

是指系统在使用者检索资料时所使用的一种查询方式或者搜索入口。检索途径和检索入口越多，用户查找文献就越方便。检索系统必须具备以下能力：查询搜索、简单查询、复杂搜索（高级搜索）、自然语言查询、图像查询等。系统中给出的可搜索字段一般包括：负责人、文章标题、出版物名称、出版年份、机构名称、摘要、主题词、关键词等。

2. 检索技术与方法

检索技术和方法是系统为用户提供的各种检索技术和策略，以便于用户简便、快捷地查找到所需的信息。对于文本信息、多媒体信息，系统应提供不同的检索技术及方法。

（1）文本信息检索的主要技术与方法。对于文本信息进行查找，其基本的检索技术与方法主要包括：布尔检索、截词检索、中间截词检索、短语检索与位置检索、限制检索等。

（2）多媒体信息检索的基本方法。图形、图像、声、视频等媒体信息一般具有结构复杂、海量规模、时序变化和冗余性强等特点，因而对于这类媒体的信息检索，则不宜于沿用文本信息的检索技术与方法。对于非文本信息通常需要采用"基于内容检索"的思想和方法。所谓"基于内容检索"，主要是指语音识别、图像理解等技术领域可用的有效方法和工具。对图形、图像、视频和音频数据的内容进行直接分析，提取它们的视觉和听觉特征，并将这些特征组织起来形成索引，以便用户以此作为检索的依据，实现对这些可视化信息的查询和定位。对于图像和视频信息，基于内容的检索主要有：颜色检索、形状检索、纹理检索和视频动态检索。对于音频信息，基于内容的检索主要有：语音检索、音乐检索等。

3. 检索结果的处理方式

检索结果的处理是用户检索和利用电子信息资源的重要环节，直接关系到用户检索和利用信息资源的效果。不同的检索系统或平台有不同的检索结果处理方式。搜索结果显示、搜索结果保存、二次搜索、搜索结果和其他资源之间的超链接、用于下载数据的格式等为基本的衡量指标。

（1）检索结果显示：功能强大的检索系统往往会提供多种方式显示检索结果。例如：在显示结果中，字段内容可根据读者需求选择；标记记录在翻页时可继续保留；检索结果排序可提供按相关度大小、文献发表时间、作者姓名、文献题名、网络的 URL 等多种方式；提供个性化的显示方式，用户可自定义检索结果数据、检索结果格式、检索结果排序、最大显示数据量等。

（2）检索结果保存：提供打印、存盘以及电子邮件发送等方式保存检索结果。

（3）二次检索：为了缩小或限制检索结果，系统还提供二次检索功能。

（4）超链接：系统提供与其他资源之间的超链接。通常需要提供与同一种电子资源内其他记录的链接；与同一检索系统或平台内其他电子资源的链接；一次文献与二次文献的链接；与本图书馆所收藏资源的链接；与相关网络资源的 URL 的链接。

（5）本地下载的数据所采用的格式：应提供通行的标准格式，如 PDF、HTML、SGML 等。

4. 用户服务

用户服务主要是指除了检索功能之外，检索系统为用户所提供的其他服务。主要包括检索系统的说明、帮助文件是否完整、简单、易查；用户的检索历史记录列表；常用参考工具，例如：刊名列表、主题词表、关键词表、机构名录、百科全书、字典、词典等，供用户查阅；电子出版物的最新出版信息报道，例如，目次（TOC）报道服务；网上培训服务等。

(三) 价格性能比

电子资源总价格应包括电子资源的购买价格、年自然增长率、印刷出版物的投入、电子资源检索系统及相关软件的费用、为某一类电子资源专门配备的硬件设备。电子资源的使用成本包括登录成本、检索成本、下载成本等。登录成本指根据电子资源总价格和使用登录统计结果，计算用户每登录电子资源一次的成本。检索成本指根据电子资源总价格和使用检索统计结果，计算用户每检索电子资源一次的成本。下载成本指根据电子资源总价格和使用下载统计结果，计算用户每下载一篇全文或文摘的成本。电子资源采购和选择过程中的成本核算是为了保证信息资源建设资金的合理使用。

(四) 出版商与供应商的服务

出版商与供应商提供的服务与电子资源的质量和用户有效利用关系密切，因而服务质量和服务内容是电子资源采选与更新的重要评价指标，主要包括以下几项具体指标。

1. 数据传递方式

国外出版商和供应商所提供的主要方式有三种。①国际网络，即电子资料在海外，利用国外网络进行浏览，当用户使用时需要付国外网通信费。DI（全称Digital Island）专线，指电子资源在海外，可以使用由美国 Digital Island 公司推出的电子专线业务访问，由出版商和企业租用该网络专线并缴纳电子通信费，即使没有国际上网权的客户也能够使用电子网络资源，不需要支付国际网通信费。②本地出版商与供应商服务。③由电子资源供应商提供裸数据，使用在本地开发的系统。以上几种方式中，从用户的角度出发，DI 专线和本地服务最为适宜。

国内出版商和供应商大多采用直接访问或本地镜像方式，究竟采用哪种方式为宜，要视本地网络情况、硬件投入的成本等因素而定。

2. 电子资源的访问方式

国内外出版商或供应商主要采用两种访问方式供用户选用：第一种方式采用IP 地址控制，用户自动登录访问；第二种方式是使用用户名、密码登录。同时，还应注意是否有并发用户的限制。

3. 数据更新服务

电子资源的更新周期一般应为日更新或周更新。建立本地服务时，要特别注意出版商或供应商能否按时更新本地数据、数据有无遗漏等问题。

4. 突发问题的处理

电子资源采选前，要事先就电子资源使用过程中可能出现的问题与出版商或供应商进行谈判，要求出版商或供应商就使用过程中的突发问题建立预警机制，要提高快速反应能力，制订最方便、最快捷的应对措施和解决方案。包括：要指定专人或专门的部门负责处理在电子资源使用过程中的突发问题，如服务器突然中断、用户使用权限被终止等。出版商或供应商如因系统升级、硬件更新等情况，须暂时中断服务时，应事先通知用户。

对用户恶意下载、滥用数据库等不合法使用电子资源等问题，出版商或供应商应采取积极稳妥的处理方法，既应向用户广泛宣传有关合理使用电子资源方面的知识，在广大用户中树立以合理使用为荣、以滥用为耻的意识，又应保证出版商或供应商的合法权益。一旦发现不合理使用现象，要及时与图书馆进行合作，而不应采取强制、武断的办法中断服务。

5. 与商用电子资源配套的数据的提供

与商用电子资源配套的数据主要包括：①数据库中收录的电子期刊、电子图书、学位论文、会议论文等内容的 MARC 记录；②包括 ISSN 或 ISBN 号、网址、所属学科等在内的收录文献的列表；③标准的用户使用统计报告等。

6. 管理系统的访问权限

出版商或供应商应为图书馆提供管理系统的访问权限，图书馆有权登录到电子资源管理系统，下载与电子资源配套的各类文件，或修改与本图书馆用户有关的信息。

（五）存档

存档，是指图书馆对已拥有的电子资料的永久占有、保管与利用。它并不受该电子数据能否继续购买，出版商或供应商存在与否的影响。电子存档的主要形式包括："数据+系统"、印刷的电子出版物、裸数据。

"数据+系统"：这是一种通过出版商或供应商两方同时提供相关的数据和相关软件的存档方式。但是这种方式会受到系统以及软件的升级、更新换代等影响而难以长期保存。

印刷的电子出版物：在通常情形下，出版社以及企业在出售电子资料的时候会以相当便宜的价钱，配套销售与电子资料有关的印刷型出版物，这种价格模式称为 print-plus。

裸数据：出版商或供应商任意一方提供相关的购买数据，而不需要提供软件系统，这样的保存方式能够更长时间的保存使用，但是对于保存的数据，但是需要符合较高的标准和要求，而且要求图书馆另行开发或购买软件系统。

三、采购模式

电子资源的采购方式按照不同的标准分为不同的方式，其中最常用的方式是按照采购规模来划分的，主要分为单独采购和团体采购。

所谓单独采购，是指图书馆根据该馆电子信息资源的建设原则和采购标准，与出版商或供应商就电子资源的采购和选用相关问题进行协商，决定购买商业性电子资源。

所谓团体采购，就是几个图书馆自愿组成一个团体，共同推选谈判代表，与电子资源提供者就电子资源的价格、使用条款等问题进行谈判。提供商与各成员库签订最终采购合同，采购费用主要由各成员库支付给提供商。集团的基本组成单位是个体的图书馆（即成员馆）。

电子资源集团采购的意义体现在：①对图书馆而言，集团采购可以享受到批量采购的优惠价格，同时节省了成员馆分别与提供商谈判的时间和精力；②集团内合作选择资源，有利于馆际合作和资源共享；③集团采购有利于促进集团内各图书馆之间在电子资源使用方面的宣传、培训和交流，不仅提高了电子资源的利用率，而且提高了图书馆人员的业务水平和图书馆的服务质量；④集团采购有利于促进提供商改进服务质量，提供更完善的服务。

四、价格模式

（一）电子资源的成本

如同出版印刷本资源一样，出版商出版发行电子资源的成本同样包括同行评议、编辑、市场营销以及其他一般管理费用。电子资源的发行虽然为出版商节省了纸质图书、期刊的印刷、投递等部分费用，但绝大多数出版商也同时出版发行印刷本，而且还要增加由于开发新的存取方法以及提供支撑新的存取方法的服务器和技术所需的开支。

（二）电子资源价格的依据

决定电子资源价格的依据复杂多样，其价格有的根据收录电子资源的数量，有的根据浏览、打印或下载数据量，有的根据文献信息机构所服务的用户数量，有的根据并发用户的数量（有限或无限）而定。还有许多出版商以电子期刊数据库与其印刷本捆绑定价进行销售、为了维持其价格，在一定时间范围内，出版商不允许图书馆取消其印刷本资源的采购。

（三）电子资源的价格模式

1. 单个电子期刊的价格模式

图书馆对单个电子期刊的订购通常有以下几种价格模式：

（1）订购印刷本而免费获取电子版。

这种模式为出版商提供了一种非常好的销售手段，同时为图书馆以最少的经费投入向其用户介绍和宣传电子资源提供了一个很好的机会。

（2）在订购印刷本的基础上需要增加一定比例的电子版费用，这种模式是指图书馆在订购印刷本资源的同时只需增加适当的费用即可获取其相应的电子资源。

（3）纯电子期刊。

现有数量较少但数量不断增加的期刊没有印刷本，只提供网上获取，一些学术性协会已经开始这方面的尝试，图书馆应根据用户的需求逐个进行采购。

2. 打包数据库（Packaged Database）或集成式数据库（Aggregated Database）的价格模式。

所谓打包数据库是指集合单一出版商出版的电子资源。例如，电子资源全部来自 Aca. demic Press 的 IDEAL 数据库、Kluwer Online 等。一些出版社所定的价格基于图书馆必须订购的印刷本资源的数量，另外一些出版社在一段时期内禁止图书馆停订其印刷本资源。此类数据库在订购之前，电子资源采选人员应对其印刷本进行慎重选择。

所谓集成式数据库是指集合若干个出版社出版的电子资源。例如，国外的 JSTOR、Black、well Publishers 的 EJN、EBSCO Online 等，国内的清华同方中国知识资源总库、重庆维普中国科技期刊数据库等。此类数据库可以实现不同出版社、不同资源类型的集成检索。集成数据库通常由期刊代理商和中间商负责销售，其价格模式是以整个数据库为销售对象，情况较为复杂。

3. 集团采购电子资源的价格模式

集团采购在电子资源的销售市场上占有举足轻重的地位。在我国，集团采购电子资源的价格模式主要有两种：①集团总价法（或称一笔总付法）；②成员馆单价法。

所谓集团总价法（一笔总付法），是指出版商或供应商根据集团类型，如全国集团、行业集团、地区集团，给出整个集团的电子资源采购的总价格，集团买断后在集团内部再进行价格二次或三次分配，最后确定参加集团的每个成员馆购买数据库所应支付的价格。

所谓成员馆单价法，是指出版商或供应商给出每个成员馆的价格，然后再根据参加集团采购的成员馆数量给出集团折扣价格，参加集团的成员馆越多，折扣越高，电子资源的单价就越便宜。成员馆单价法根据数据库单价高低又分为平均价格法和特殊规则法。平均价格法是指当数据库的单价为中低价位时，参加集团采购的成员馆不论其规模大小，统一按数据库的平均价格购买数据库。

五、采选程序

在电子资源采选过程中，无论采取单独采购模式还是集团采购模式，图书馆的采选程序大致相同。

(一) 制定馆藏信息资源发展政策

文献机构应根据本机构的发展目标、服务对象、经费来源等背景，制定馆藏信息资源长期和短期发展政策。它应明确规定图书馆信息资源建设的发展方向以及应达到的建设目标。馆藏信息资源短期发展规划中，应明确规定各种载体形式资源（印刷本资源、电子资源等）、各种语种形式资源、各种级别资源的发展目标。它由一系列文件组成，不仅是图书馆开展信息资源建设的指导框架，而且也是图书馆就有关电子资源建设的方针、政策向用户进行宣传的参考依据。

(二) 确定经费

在确定电子资源采集年度经费预算过程中，重点应考虑以下几项内容。①维持现有电子资源的经费。对于已订购有电子资源的图书馆，每年的经费预算中应将续订这些电子资源的经费预留出来，并且还要考虑每年的价格上涨幅度。②重要电子资源的采购。在电子资源采集过程中，有时会出现一些新的电子资源，这些资源关系到图书馆的核心竞争力以及信息资源保障率，因而图书馆又不得不采购。这些电子资源的采购，第一年往往需要一大笔经费。③目标资源的采购。所谓目标资源，是指图书馆根据本机构信息资源的发展目标，迫切需要采集的电子资源。有专家建议每年应保证满足这部分资源的25%的经费。④应急经费。主要用于财政年度当中意料之外或者说是意想不到的与电子期刊采购有关的经费。例如，由于印刷本期刊的取舍、调整、变化引起的电子期刊费用的增加，现时免费的电子期刊转为付费资源等。

(三) 初始评估、试用和最终评估

对于所获取的电子资源信息，图书馆要依据电子资源的采选标准，对这些资源进行初始评估，对于其中符合标准的电子资源，将其列入本机构拟采购的重要电子资源计划之中。一旦选中某一资源，图书馆要求电子资源的出版商或提供商安排试用，并开始组织试用期间的评估。个别情况下，有的图书馆只是凭借出版商的信誉和其他已经采购的机构使用效果作为其唯一的选择依据。一般情况下，图书馆通常要组织一个专家小组来进行试用和最终评估，专家小组主要包括馆藏建设专家、学科专家、技术专家（负责网络、服务器、客户机、认证系统等）、读者或读者服务方面的专家、图书馆的主管人员（主要考虑经费、被提议的许可协议等问题）。需要指出的是，在大多数情况下，很难完整地得到用户的反馈意见，因而专家小组的评估意见至关重要。

（四）签订电子资源使用许可协议

在网络环境下，国际通行的购买、租借或访问电子资源的方式是通过电子资源提供者或提供商对图书馆进行授权，双方同意签订电子资源使用许可协议，图书馆可以拥有使用电子资源的权利。

从签署对象分，国内图书馆所签署的电子资源使用协议有两种，即获得国外电子资源供应商授权而签署的许可协议和获得国内电子资源供应商授权而签署的许可协议。从许可协议的签署模式分，包括集团签约和单馆签约。本质上，许可协议是界定合同双方不同目的和利益的法律定义。一方是为读者和机构寻找信息资源的图书馆，另一方是拥有或支配这些电子资源并寻找图书馆的出版社或供应商。

无论是集团签约的代表还是单馆签约的代表，无论是与国外供应商或提供商还是与国内供应商或提供商，在签订正式合同之前，还必须有权限仔细研究合同的各项条款，并就各项合同的具体条款与出版社或供应商进行充分讨论。许可协议中主要涉及如下事宜：使用期限、双方责任与义务、电子资源的使用（内容的连续性与完整性、更新周期、合理使用、合法用户、MARC 数据、开放式链接等）、馆际互借与文献传递、价格模式、文档格式、长期获取和存档、使用统计分析及反馈、用户信息安全及私密性、用户培训及售后服务承诺等诸多方面，协议未尽事宜由双方协商解决。

在许可协议谈判过程中，应注意以下三点。

第一，图书馆有权要求电子资源供应商或提供商提供图书馆母语写成的许可协议文本，以免出现法律纠纷时，由于其他非图书馆母语写成的文本，在翻译或理解上引起偏差而造成不必要的损失。

第二，针对不同类型的图书馆，凡许可协议中涉及的特别的术语、条款和规定，图书馆应要求供应商对其进行明确的定义和解释。

第三，电子资源使用许可协议文本应该平衡双方的责任和义务。

协议文本首先要对双方的责任和义务进行明确的界定和具体的阐述。然后，对于一些需要特殊说明的或不宜于写在正式文本中的内容，可利用补充文本进一步说明。

（五）租用、获取、购买电子资源

协议双方就电子资源使用许可协议达成一致意见之后，即可签署许可协议。在下一步的具体采购过程中，首先要对电子资源进行正式安装或开通测试，然后向用户提供电子资源的书目数据、对用户提供该电子资源的使用培训，待所有运行正常以后方可支付采购费用，以免因非正常运行造成浪费。

（六）管理、发布电子资源

对于已采购的电子资源，图书馆要对其进行管理，及时向图书馆的合法用户进行发布，以免延误使用的时间。电子资源的管理主要包括：电子资源的编目、各种链接（与已有馆藏的链接、与全文的链接、与其他资源的链接等）、电子资源的整合、电子资源的存档、电子资源的使用宣传、电子资源的使用状况分析等。对于非一次性完全支付费用的电子资源，要对其许可协议使用期限内的利用进行全面评估，以此决定是否续订还是停订。对于一次性支付费用的电子资源，要对其定期进行成本效益评估，对于使用效果欠佳的电子资源要认真分析其原因，并及时解决使用中存在的问题，以免做出错误的判断。

第二节 特色数据库建设

一、特色数据库概述

（一）特色数据库的定义及其特征

特色信息数据库系统，是指借助本馆馆藏信息资料，根据使用者的信息需要，搜集、分类、评估对某一专业领域或某个专题具有重要使用价值的各类型信息资料，并依据相应规范与标准将其中特色化的信息资料加以数字化，最后以数据库系统的形态保存出来的信息资料集合体，特色数据库具有以下特征。

第一，特色数据库是该馆在充分发挥本馆藏书优势的基础上建设的知识源信息资源库，本地区、本部门的特色资源可以作为这种特色的内容之一，公共图书馆可以成为充分展示学校重点学科建设的特色资源。

第二，特色数据库系统遵循相应规范与标准建立而成，并最终建立便于资源共享的信息资源数据库系统。

第三，特色数据库是需要具备较大规模的，同时数据库当中还需要包含有高效的信息检索功能，才更有助于用户和读者的使用。

（二）图书馆自建特色数据库的动因

1. 图书馆自建特色数据库的必要性

在经济信息化的 21 世纪，数据资源建设程度已成为评价一个图书馆信息资源建设程度的主要标志。近几年来，各类型图书馆均加速了数字资源建设的脚步，数字资源建设总体水平也呈现了明确的增高态势。同时由于国家以及世界其他国家正在推行"信息高速公路"规划，数据库系统的重要意义也越来越突出，因此数据库系统建设工程也被越来越多的图书馆所关注。

作为网络智能化系统的主要部分、作为网络时代图书馆提供客户化服务的重要基石以及作为实现数据共享的重要环节，系统建设也作为网络大数据资源共享系统建设流程中最关键的内容。本着确定重点、凸显优势的数据库建设工作方针，各级图书馆自建数据库的建设就像普通书库那样走向了特色数据库建设的新轨道。充分发挥各自特色的资源优势，建设拥有各自明显优势的数据库系统，为教育、科研等工作提供多层次、高质量的大数据服务，是各级图书室在竞争加剧的信息社会中求生存、求发展的必然需要。

2. 图书馆自建特色数据库的可行性

图书馆拥有大量、系统的藏书资料，文章内涵具备广度、系统化、连贯的特征。今天，许多图书馆按照它们所属区域社会经济发展的需要广征博采，从其馆藏的专业范畴、馆藏级别和文献种类结构方面，建立了富有地方特点的文章馆藏体系。还有一些图书馆收藏了一定的珍贵历史资料。这将使图书馆具备建立特色资料库需要的丰富信息支持。各馆将依据自身文献馆藏优势和使用者的供求状况，根据各地的经济社会发展重点，建立特色数据库。

现代信息技术在图书馆中的应用，为中国特色数据库系统的建立创造了良好管理氛围。同样，在长年的信息管理服务过程中，图书馆积淀了大量的管理实践经验：图书馆已具备了对信息资料采集、加工、分类，以形成新型信息技术产品的综合实力；图书馆现有的标准机读目录格式、电脑编目技术、信息分析、信息组合技术等都为数据库系统的建设做好了充分准备。而且，由于各馆所依靠的上级单位具有技术实力较雄厚的专业特点与技术团队，在投入建设库工作过程中也能得到上级单位大力的帮助，共同努力对资料的准确度、有效性以及使用价值等做出了评估，从而使数据库系统的品质得到有效管理和提升。

所以，图书馆自建的数据库是合理的也是必需的。对于个体分馆来说，特色资料库的建立可以帮助各分馆收集保存本馆的文化资料，并借助这种资料进行深层次的文化发展；从宏观上来说，能够进行数据共享，从总体上建立了文献情报系统的信息框架。

（三）全国图书馆特色数据库建设的工作状况

近年来，随着中国国家数字图书馆工程的发展，该馆自建特色数据库的项目也出现了一阵阵高潮。CALIS 建设的开展，为中国公共图书馆的系统发展起到了重要的推进作用。利用 CALIS 技术，中国公共图书馆还将建立多项特色数据库，并仍有特色数据库的项目在 CALIS 项目管理中心正式立项。科研系统图书馆也根据自己的科技资源优势和信息资料基础根据地区需要和本单位特点，设置了特色数据库。

二、特色数据库建设的实践

（一）特色数据库建设的原则

1. 需求性原则

特色数据库构建的基本思想应该以客户的信息需要为基本点，以便于客户掌握的资料信息、便于相关信息的全面研究和合理使用、便于客户进行各类文件资源配置和信息的使用等为基础，进行文献数据库的选择和构建，最大限度地满足需要。

需求原则包括两个意思：一是客户要求，数据库建立的终极目的是给更多的客户带来更多的方便，一旦不是客户要求，建立数据库便毫无价值；二是专业建设，必须突出重点学科和专业领域的特点，紧密结合教学与科研工作的需要，重点考察特色数据库的建立是不是可以对教育教学和科学研究有促进作用、是不是可以带动社区建设与企业发展。只有兼备了上述两个因素，特色数据库的建立才能够满足实际需要，体现其功能和带来的经济效益。

2. 特色化原则

实践证明，各级图书馆特别是公立图书馆通过长年的文献数据库建立无不形成自身的馆藏特点和资源优势，并在若干专门专业中建立学科型的、个性化的文献数据库保障体系。但是，对其他图书馆而言，这一类资源也造成其藏书资源的不足甚至紧缺。这是由于图书馆长期以来采取封闭式文献资源建设策略而导致的供需失调后果，为当时互联网环境下的文献资源建设之大忌。不过，这也为民族特色数据库系统的建立提供契机。所谓民族特色是指在数据库系统所收录的信息资料内容选取与安排上与其他数据库系统有所不同，并具备明显的资源特点，如民族、区域特点、专业特征等。这种信息具备多样化、局部化、特色化的优点，可以满足对特殊文献信息的需要。所以，建设本馆时要充分考虑本馆的藏书优势，并发挥本部门的学科优势、人才资源优势和信息技术优势，并开发利用一些体现了本馆藏书优势的适应该领域信息需要的数据库系统，同时在建设的过程中既要考察本特征数据库系统能否在本行业内具备优势和地位，同时还要考察建成后的本特色数据库系统在国内能否产生很好的学术作用，能否为国家重点学科、重点项目的建设发挥资料支撑的功能，能否起到弥补信息缺口的功能，以及是不是能够在较长时间内处于世界领先的位置，以及是不是其他综合性数据库系统不可取代的地位等情况。

3. 共享性原则

网站建立为特色数据库建立创造必要的通信条件，特色数据库建设为网站建立创造了可以传播与共享的信息资料。特色数据库建立与网站构建相互依赖、彼此联系和促进，网络的建设能促进数据库资源开发利用的深度和广度。为了更好地实现数据库之间的共享性，还需要结合数据库实际的硬件和软件环境进行软件与服务器的选择，需要实现全文检索的功能，并实现高效的数据信息传输，才能够有效地实现数据库信息资源共享。

4. 规范化原则

特色数据库也应该按照整个社区信息共享的原则来开展信息资源建设。信息共享是数字化的主要目的之一，尽管信息化的发展趋势使信息共享变为了可能，但是实现数据共享的前提，还是应当以标准化、规范性为主要依据。特色数据库系统构建的标准化、规范性影响了数据库系统的效率。

5. 保护性原则

历史比较悠久的许多馆内保存着大量珍贵的古本、选本、古籍拓本、古代肖像画、历史照片、特藏资料。从资源保护的角度来看，各馆采取不借用的封闭保护措施，只为个别专业研究人员提供阅览服务。这对珍贵的特色资源本身的学术价值和研究价值的开发利用产生了重大影响。这种特色资源需要通过数字化管理，并建立成资料库，满足读者查阅与查询功能。这一措施既可保存中国优良的非物质文化遗产，也可促进对非物质文化遗产的研究、发展和使用。

（二）自建特色数据库的流程

1. 数据库选题

数据库选题，指的是需要结合数据库建设可行性问题进行调研，以此作为数据库建设的重要前提，要能够有效地展现自建数据库的特色以及结合用户需求。

具体来讲，其内容有如下七点。

（1）首先需要调研，我国已有的数据库信息资源情况，要能够对当前实际的情况进行综合分析来结合其中的问题不断地填补不足，更好地发挥出自建数据库的自身特色。

（2）大数据分析、调研指定的目标客户群，以特色化、个性化为宗旨，了解目标用户对该数据库中的实际信息需要与潜在信息需要。

（3）研究特色信息数据库的研究意义、使用价值、应用性、发展趋势、社会效益与经济性等问题，分析建成的特色资源能否满足教学、科研需要，能否为地方经济、文化、科技等领域的发展提供准确、快捷的地方文献信息，以促进地方经济建设。

（4）调查信息源的充分性和信息收集途径的通畅性。

（5）考查本馆目前的软件平台、硬件配套能否达到建库要求，为了完成建库还需要投入哪些技术设备等。

（6）人员问题是数据库产业发展的关键。建立特色数据库系统后，首先要了解相关行业、相关领域的技术人员。它们是识别和评价数据源的基础，对数据库系统质量的管理和判断有重要影响。第二，要培养图书馆能够胜任数据库建设的图书管理员。

（7）资金问题。准确分析，在进行数据库建设过程中需要哪些方面资金的使用，并且探究能够从哪些渠道获取所需的资金，例如包括政府方面的投资，以及其他单位以及个人的投资捐款等渠道。

2. 数据库开发方案的实施

选择正确是我国图书馆自建特色数据库系统的重要前提条件，选择的正确与否也直接影响着建库的好坏。进行了以上详细的选择与可行性分析讨论之后，便可提出并执行数据库研究方法。

（1）数据收集

明确了自建信息库的选题方向后，随即应开展有关信息资料的征集工作。在各环节都必须对馆藏资料进行汇总筛选、梳理集中，同时针对加工能力，制订工作规划。此外，为确保旧信息资料的整体性、权威性，将构建和开辟更通畅的信息源收集途径，适时收集最新的信息资料，并随时对旧信息资料进行查漏补缺，以提高中国特色数据库的整体性、权威性、即时性。在该环节中应注意以下几点：

第一，确保特色数据库中所涉及的数据合理的采集范围，如领域范围、时段范围、区域范围、文种范围等；

第二，确定了特色资料库中收录内容来源的类别，包含了书籍、杂志、会议记录、论文集、技术资料、产品说明书、技术文件等；

第三，确定了特色数据库中所包括信息数据的类型，分为文字、数据、图片、视讯、语音等图文内容。

（2）配备硬件和软件设备

图书馆如果建立一个数据库系统，就必须配置一定的服务器硬件配备和软件设施。所需要的服务器硬件配备包含：服务器、硬盘阵列、个人电脑、扫描仪和其他网络设备，但具体的配置要求视企业的发展情况而定。信息库系统构建的最主要目的就是创造大量的各种数据信息，达到数据共享。所以，在互联网条件下数据库应用软件的研制必须强调实用性与通用性，要节约数据库存储空间，对系统机器和汉字操作系统的相容性好，安装简单、快捷，特别是要具有完备的、结构合理的查询接口管理系统。在这一过程中，还对构建数据库系统采用的环境、数据库系统框架、信息的处理、录入数据格式和栏名的确定等方面予以规范性界定，并保证可靠性，以满足实际开发需求。

（3）数据加工

该环节主要是对所采集的数据进行管理与加工，主要涉及数据的筛选、数字化管理、标引、数据发布等内容。

①筛选：通过仔细评估和甄别所获取到的数据，并剔除所有重复的、不正确的和价值不大的信息，最后判断何种数据被收录入数据库。

②数字化处理：以纸媒介载体为信息源基础的特色资料库建立，需要将大量的纸质媒介资源进行视频扫描、图像处理、转换分析、编改、校对；非印刷类的特色数据库的建立相对来说轻松完成，图书馆只需要购置相应软件，设置人员负责专门的数据收集、编辑任务就迅速展开工作。

③标引：标引结果的优劣直接影响数据库的内容品质，决定了数据库的检索效果。所以，应当针对实际情况，选用恰当的标引方法，并制订标引细则，以详

细规范标引的深度、类型的集中和发散以及主题词与关键字的选择规范等，以进一步提高标引品质。

④录入：数据录入，也是不能忽略的重要环节。为保证输入信息准确，必须建立严密的品质管理体系。

⑤审核：通过减少标引出错，增加标引的一致性，减少资料记录中的遗漏，以提高每一个记录的正确性，并全面、严肃、精细地进行审核与校正工作。通过采用自动化方式审校加过程监控的双审制，确保了信息系统的安全性。

⑥信息发布：通过数据库管理，以信息方便于客户查阅、查询的网站形式公布。

⑦更新维修：数据库系统在完成后并不代表大功告成，而是需要继续进行定期性的自动更新与维修。在这一环节中，要注意采集用户在运行数据分析流程中的反映信息内容，并适时对历史数据加以修改、删除、修正和整合。同时还应制定合理的历史数据更新期限，以保证数据库信息资料的新颖性，让使用者及时掌握并自动更新信息内容。

三、自建特色数据库的关键问题及发展方向

（一）数据库建设协调规划

在当前图书馆数据库建设过程中，经费短缺是一个比较显著的问题。为了更好地解决这一问题，在特色数据库建设过程中需要做好两方面的协调工作。一是在建设过程中需要有整体的思想，要能够根据长远的目标进行规划和设计，要能够使得各个单位都能够在建设的过程中合理地进行协调和工作开展，这样就能够有效地避免在建设过程中资源浪费问题的出现。各级公共图书馆按照各自学科的专业重点、馆藏特点和区域经济社会发展的实际需求，选取最适宜的建库目标，在 CAUS 全国中心、区域中心的统筹协作下，开展有规划、有步骤的建设，逐步建立起专业类别齐备、内容形式丰富多样的数据库。做到了充分发挥学生各自的特长，减少重复建设，并且学科分布比较均衡；做到了网络中文信息资源的多元化、丰富化，最终实现统一建设的目的。二是对于各机构来说，要明确数据库项目的需求，不要一味求大求全，必须培养精品能力，并分期进行系统实施工程，

每个期制定具体的建设任务和投入比例。

（二）标准化、规范化

规范是数据库系统发展的灵魂，它对于提高信息化数据库系统效率、实现网络化的数据共享有着关键作用。标准化、规范性的数据库系统不但提高了数据库系统的可信度、系统化、完善、兼容，同时还可以做到真正意义上的互联网数据共享。

特色数据库系统在建立时，所涉及的准则、标准主要涉及建立数据信息加工、信息收集、信息处理操作、数据检索、信息传输、数据信息交流和数据保护等相关方面的准则和标准，尤其要注重规范性的标引问题，应该尽量选择国际、国内比较通行的数据著录准则、数据信息格式规范、数据信息标引标准、标准管理等准则和协议，加以系统性、逻辑化的组织。这样就图书馆来说，就不用另外开发软件来进行和其他操作系统的数据库间的切换。对于用户来说，在检索各种应用的数据库时，因为使用了同样的标准，用户能够迅速了解新应用，这样能够节约检索的时间与费用，大大提高检索效果。

（三）知识产权问题

数字图书馆的建立进程中遇到的知识产权保障难题，是当前全球学者和政府机构都非常关心的重大问题。虽然目前各方对数据库系统的版权态度不一，但特色数据库系统成为发展中的大型数据库集群，必然要遇到文献信息电子化进程中的版权难题和文献信息数据库的版权保障难题。图书馆怎样在符合专利国际秩序的基本原则上，采取合理适当的政策措施，处理好特色数据库建立和专利保护之间的相互关系，而防止造成专利争议也是建立特色数据库时必须考虑的重要问题。

（四）质量控制和评估

特色数据库系统的质量是整个数据库系统活力的主要表现，是为数据共享提供全面保证的关键。对特色数据库系统的评价，首先是衡量特色信息库中统计的全、专、精，既要能根据某一专门领域或题材获取全面的信息内容，而且又应兼顾相关，不要因片面要求数据库系统的规模多少而不顾所收集数据信息内涵关联性的高低，要确保统计源的准确性与可靠性。数据加工首先要力图体现出文章的本质特征，并努力做到精而准。然后是对特色数据库要努力做到便于信息检索使用，让使用者能够迅速精确地查询所需要的信息资源。

1. 合理确定数据的来源和所收录的信息范围

应按照资料库的内涵、特点与范围，适当明确资料来源和接收范围，如 CA-LIS 组织、协调公共图书馆自主建设的特色资料库，重点接收的是重点学科的引导性专业和在院系非常有地位的特色专业的资料，而学位论文数据库应重点以博士、硕士论文为主。

2. 注重对信息资源的深加工

自建的资料库并不只是对既有文献信息资料载体的修改，而且要重视对既有文献资料的组织、加工、处理。所以，特色数据库系统在建立时应重视对信息资料的深加工，必须在继续建立好图书馆书目、题录、文摘等二级文章数据库系统的时候，有侧重地逐渐建设起全文、数据、图文、多媒体等的数据库系统；除此以外，还应该在数据库的展示层面、表达角度、信息检索手段等几个方面，做些创新的探索。

3. 要有完善的多功能检索系统

建立特色数据库的主要目的是希望让消费者可以更为方便地利用特色信息。因此，一个特色数据库必须有强大的多功能检索系统。

第一，数据库必须同时提供基本和高级搜索方法，以满足不同用户的需求。基本搜索是一种通用、简单、易于操作的搜索方法，但缺乏灵活性，难以满足复杂的搜索要求。高级搜索可以为有相应搜索经验的用户创造更多的空间，从而获得更准确的搜索结果。

第二，数据库系统的检索规模越大，用户选择的余地就越大。所以，数据库要按照信息资料的内涵和类型，选择最能体现其特点以及最有可能被采用的检索方法，并建立合理的搜索点，包括题名、书名、副刊名、著者、分类号、主题词、关键字、地址、人名、机构、年代、摘要、引文甚至全文检索。

第三，数据库系统必须设有各种检验算符，以增加结果的查全性和检测准确性。如进行与、或、非的逻辑组配查询和位置计算的查询，如果查询到的数据过大或过少时，通过逻辑计算符号和位置计算符号实现扩检和缩检，并且还可在每次查询数据的基础上进行多次循环查询。

第四，在有条件的地方图书馆中应当发展带有对检索词的搜索与筛选等功能的辅助索引系统，为使用者提供了更直接、更便捷的检索渠道，包括了主名词表和人名、地名、政府机构人名的各种词典，让读者可以直接地在词典中选取检索词条，既增加了检索的便专指度，又能减少对输入错误的误检。

第五，为数据库应用者提供简单、清晰、直观、易于使用、切换方式灵活的检索页面，在使用者误动作时也能给出相应的建议，并设有较详尽的协助以及举例性的连接。

第六，数据库应当按照使用者的实际需求，提出对搜索结果的各种呈现与传递方法（如打印、下载、传递、存盘等）以便于用户的利用。此外，搜索结果的显示中应设有必要的超链接，以便使用者查询更多的相关数据，从而提升了搜索效果，例如当使用题名进行搜索时，就可把搜索结果中的文章作者名、主题词等设置为进行搜索的检索词。

（五）更新和维护

数据库系统的建立并非一劳永逸的过程，要常抓不懈地对数据库系统中的内容加以修改、保护与创新。进行对数据库系统中信息的修正、维护工作，是提高数据库系统效率和增强数据库系统工作环境的可靠性、安全性、协调性和工作质量的必需手段和可行措施。对数据库系统信息的不断更新，能够提高数据库系统中所包含信息的新颖性和有效性，及时反映技术发展的最新动向，以满足广大用户的最新要求。

（六）人才问题

优秀的管理人员是建设中国特色数据库的基础与核心力量。在现代互联网条件下，专业图书馆的图书管理者不但对于数据库系统的建设主攻目标与发展动态有较为深刻的认识，同时也应有较好的政治思想素质、较丰富的书刊信息知识、外语知识以及较强的技术专业知识，包括对数据的敏锐反应意识、信息系统的正确导航意识、较强的科学研究意识以及处理与加工文献资料的技能等。这才是一名真正的互联网专业工作者所需要的基本素质。缺乏这个基础保障，再丰富的数据来源、再完善的网络设备，都不能起到它应有的效果。应该知道，缺乏数据工作者事前对数据的取舍、整理、判断与理解，就无法形成高质量的特色数据库。所以，应该重视培育优秀的人力资源。

第三节　网络学术信息资源的建设

一、网上学术信息资源建设概述

（一）网上学术信息资源建设的背景

由于因特网的广泛应用与发达，网络信息资源急剧增加，它以其丰富的信息内涵、复杂多变的内容形态、广阔的分布范围等特征，大大改变了人类获取信息的方法与渠道，并促进了信息传播形式的变革。但是，当网络为我们获取信息带来了方便、提高了速度、进一步拓展了消息传输领域的时候，却显露出其显著的缺陷，即网络上消息资源庞杂无序和用户对消息资源的结构化间的尖锐冲突越来越突出。为了满足用户的信息需求，提高用户使用网上信息资源的效率，网上信息资源的开发利用和建设等问题日益受到人们的关注。

起先，人们开发出互联网上的信息资源检索工具——搜索引擎。随着信息量的增大，搜索引擎的种类与数量也不断地增长。根据用户不断变化的信息需求，搜索引擎所能提供的检索功能也正在日益加强。但搜索引擎的用户群多为大众用户，而并不是专业的学术和科研人员。因此，网络学术信息资源的搜集、组织工作成为信息工作者和学术、科研人员所共同关注的课题。

网络学术信息是指那些与各类学术研究活动密切相关的信息资源。网络信息资源以超文本格式链接起来形成非线性结构，构成了立体网状的信息资源体系，各个地区、各种服务器、各种网页、各种文章上的相关信息都以结点的形式相互链接。这种链接的方便性使得网络信息错综分布，也加大了检索信息的难度和复杂性。为此，网络信息资源导航服务应运而生，并越发显露出重要性。

（二）图书馆网上学术信息资源建设的主要方式

对网络学术信息资源的导航工作是图书馆建设网络学术信息资源的主要方法。导航工作是指图书馆运用其现有的信息标引、分类、查找、检索、评价等方面的理论知识和经验，通过精选在因特网上的学术信息资料，并把经过标注或评注后的信息网站内容组织到指定的服务页面，以便于为用户提供免费信息服务的过程。对互联网环境下的个体馆来说，信息导航工作已成了其必不可少的一个信息服务工作，并有助于扩大各馆的虚拟藏书；从宏观上来说，信息导航工作也是对整个互联网信息资源的有序化。在中国，公众馆系统已经形成了以学科导航库、电子刊物导航库、主要网页导航库，以及与各重要机构站点间的链接等所构成的网上导航系统，而科学馆系统已经建立了以学科导航门户网站（也称学科门户、学科信息门户）为代表的导航系统。这些导航系统通过三种形式将特定学科领域的网上信息资源、工具和服务提供给用户使用：①发布到某一网站的某一页面；②发布到独立的信息门户网站，如国家科学数字图书馆的化学学科信息门户等；③发布到分布集成的信息门户网站，如 CALIS 重点学科导航门户。无论哪一种形式，均为用户提供了方便、序化、优化的学术信息资源检索和服务入口。

网络专业资源导航具备了站点导航与搜索引擎的双重功能，可完成对站点信息的整理、指引与搜索，并能够根据一定的学科范畴，通过对专业知识内涵与关联的分类，将学科领域所需的各类资料和服务集成在同一种知识库系统中。由此可见，网上学术资料的导航不仅是一个系统单纯、机械的收集与梳理，更是一个系统性、规范性的工作，它强调资源的学术性，强调人工干预，网上学术信息资源导航系统的建设包含着大量的人工分析与评估。

（三）学科导航系统的历史、现状及其作用

建立学科导航体系的目的是按学科要求对网上资源进行有序化，以满足用户对学科信息资源的需求，提高获取资源的速度和精度。这项工作不仅有利于学科建设和发展，而且有利于图书情报工作的深化。学科导航体系对学术研究的作用主要有：①帮助科研人员及时快速地了解某学科领域当前的科技前沿、国内外研

究动向和发展动态；②对科研人员的学术论文写作、课题研究等学术活动过程中的资料搜集起到良好的补充作用；③最大限度地节约用户在网上查找信息资源的时间，为科研人员提供便捷、快速的网络学术资源查询服务。

二、学科导航体系的建设

（一）学科导航体系的建设原则

学科导航体系建设的原则可以概括为：

1. 实用性原则（需求性原则）

以学科为基础是网上学术信息资源导航一个重要特点与内容，那么在学科导航体系建设过程中就要结合实际的学科以及专业学术领域，有针对性地进行学科导航来更好地满足用户的需求。

2. 学术性原则

网络科学的网络资源导航不同于网络导航的搜索引擎，它特别注重所查找的网络资源的科学性，即通过调查、评价所选出的富有科学实用价值的网络资源。

3. 合理性原则

要体现对网上学术信息资料范畴的划分、学术资料的层次、数据组织的方法等的科学合理，才能实现信息需求者对学术信息资料的最大需要。

4. 科学性原则

就是要切合学科建设，以一定的科学方式组织信息，同时还需要对其中的每一个网络资源进行深入分析与描述，为用户带来更加准确和有效的服务指导。

5. 规范化原则

规范化操作是网络学术信息资源导航的必要前提。规范化原则要求在体系建设过程中对搜集的相关内容以及类型进行规范，对已有的网站内容则是需要进行详细的描述，包括这些网站中包含的项目、网址等都要规范和具体。

(二) 学科导航体系建设的主要步骤

1. 网上学术信息资源的采集

首先，我们利用搜索引擎信息系统中的相应学科子目录可以获得丰富的网址。此类网址中收录了一些普遍性、趣味性、不符合科学研究要求的信息，须进行识别与过滤，获取满足教学研究实际需求的学术性信息。针对搜索引擎分类目录中不能覆盖的专业范围，可以通过关键字进行搜索，从而获得相应的专业数据。此外，某些有关领域的专业门户网站、较大的综合型门户网站，还有另外一些有关专业单位的导航库连接着广大的专业网址，也可以由此获取丰富的资源线索。除此之外，还可以搜索各学科领域著名专家学者的个人网站、大量分散于BBS 上的零次文献等。作为资料查找的补充手段外，还可以经由用户或同行介绍，参阅网络信息资源指南、有关报纸、图书等。

网上学术信息资源采集的前提是确定网上学术信息资源采集和选择的标准，网络信息资源导航系统为读者提供的是受控的高质量的信息服务。因此，它所搜集的信息资源都是根据严格的标准筛选的。这一标准主要有两个方面。

（1）网上学术信息资源选择的范围标准

所谓范围标准，即为网上学术信息资源的学科范围，也就是确定什么资源可以被收集并组织到导航系统中，这是在宏观层面对网上学术信息资源导航体系建设的统筹及规范。

在制定范围标准时，要考虑导航系统的服务对象及其所需要的学科主题，针对用户群的特点确定信息资源的类型。无论是哪个系统建设学科导航体系，都要进行统筹规划，以避免重复建设。

（2）网上学术信息资源选择的质量标准

质量标准即规定被选择资源需要到达的基本质量，涉及其资源内容、形式等方面。传统图书馆时期，对于传统文献的选择标准已经非常成熟。文献的作者、出版商的名望、文献的内容和广度以及其他形式特征等都是人们所公认的评价文献信息资源质量好坏的标准。在网络环境下，这些传统文献选择的标准有所变化。

①内容标准：著者和出版商延伸为信息发布者、图表制作者、软件研制者、

屏幕设计者和主页设计者等，在网络信息资源选择的过程中要着重考虑他们的权威性、可靠性，以及所发布数据的有效性、准确性、全面性、及时性及更新周期等。

②形式标准：相对于传统文献信息资源而言，网络信息资源的选择标准还要考虑其形式特征及相关技术的标准，表现为信息资源内容的结构及文档格式，系统反映及帮助程序的功能，信息资源存储格式的兼容、易用，信息资源检索方法、检索步骤的简便，屏幕显示及界面友好，软件的更新等。

③可获取性标准：主要包括所选择资源是否需要注册、收费，是否需要用户使用专用的浏览器或者工具进行浏览，是否存在死链接等问题，这些因素将直接影响网上信息资源的可获取性。

2. 网络学术信息资源的组织及标引

经过广泛的搜集和严格的筛选后，须按科学的分类体系和便于科研人员利用的方式对资源进行组织，根据网络学术资源的特点设置合理的分类体系。科学、系统、有序、成熟的分类体系可以帮助读者快速发现和定位所需要的资源，使用户能够以一个组织有序的结构对资源进行浏览。

3. 学科导航网站的框架结构

分类框架建立后，可以提供一个框架，用于浏览该学科资源的特征和体系的网站。互联网学术信息导航的内容可以来自导航网站的数据库，但最终要在网上发布，为用户提供咨询服务。因此，搭建学科网站的框架结构是学科导航系统提供给用户使用的重要表现形式，应该考虑网站的界面、栏目设置、网站的制作形式等问题。

4. 导航网站的发布及服务

通过分类系统，可将所收集到的学术资源网址——加以梳理与归类，并将在其中梳理过的网址按照导航网页的架构——放入（或自行公布）到不同项目中去，从而构成了最终网络信息服务的导航网址，并提供给使用者浏览与检索。

5. 学科导航系统的更新及维护

导航系统的建立不可避免地会产生人工痕迹，因此出现错误是不可避免的。及时纠正信息失真是确保数据准确性的必要措施。同时，对正在使用中的数据库需要进行定期刷新才能尽最大力量地提供优质服务，否则无法发挥出数据库的作用。只有不断更新数据库才能保持甚至加强用户对学科导航系统的忠实度。因此，学科导航系统建成后，更新维护工作是保证其质量的后继工作。

学科导航系统的更新维护是一项长期且不可轻视的工作。这个工作可以从两个方面开展。

（1）信息源更新

随着因特网的信息资源呈指数级增加，此外，更新速度快，信息不平衡，保持导航系统活力的关键是及时更新，以确保资源绝对 URL 地址的唯一性和准确性。因此，导航系统需要添加新出现的站点、修改地址更换的站点、删除消失的旧站等。对于新站点，还必须标识和分类信息类型。

（2）用户跟踪

导航网站发布之后需要对用户读者使用的数据以及每条资源进行综合统计与分析，使得网站建设者能够整体了解到网站使用的情况来为后期网站以及导航系统的优化完善奠定重要的基础，同时也能够为相关的学科专家提供参考依据。不仅如此，在导航系统的设计当中还应该为用户提供互动的功能与界面，能够让用户进行使用的反馈，并且还能够设计专门的用户反馈意见处理界面与专业人员，从而不断地完善导航系统设计。

三、学科导航系统建设存在的问题及其发展方向

（一）学科导航系统建设存在的问题

1. 标准问题

导航系统在分类、著作方面没有统一的标准，任意性强，给用户使用导航系统带来了一些不便。导航系统数据的随机性表现为两种表现形式：第一，在分类系统中，大多数图书馆领域导航库都是以文档类型组织资源的，类型的分类标准不统一；第二，在相同的资源分类体系下，信息资源的记录形式也没有统一的标准和要求，任意性很大。某些导航库在资源类型下记录名称、英文名称、URL、简介、发布日期和更新日期等信息。一些书目名称、URL、简介和其他信息。这种情况不利于以后的数据移植，给资源共享带来很大障碍。为此，确定适合图书

馆在线学术资源的导航门户网站的分类和记载标准，对于导航系统的联合和协调建设至关重要。

2. 技术问题

在重点学术导航系统构建的过程中，各馆所采用的技术手段多种多样，平台也不相同，例如在 CALIS 重点学科导航库的构建过程中，其中大约 28% 的单位以建库形式产生动态页面，而大部分单位则采用物理连接方式形成静态页面。静态网站通过超链接的方法实现了有关资讯之间的有机整合，并汇集了各个专业的网站资源，并按特定分类系统，将网上的原始资料排序并组织，从而形成了专业导航。基于编写人员良好的规范性的编程语言知识，这种方法曾被公众图书馆和专门学术组织所广泛使用，但只通过相关内容并不适宜编制规模过大的网站，这也会给使用者浏览检索时造成困难和麻烦。

3. 人才问题

导航库工程如同许多图书馆现代化工程一样，其存在的最基本、最迫切的问题就是人才问题。一支具有创新意识、业务技术过硬的高素质馆员队伍是导航系统建设所必需的。该队伍所涉及的人员主要有善于利用检索工具、具有分析能力的信息导航员，掌握现代信息技术、有开拓进取精神的软件开发人员、系统维护人员等。在我们需要人才的同时，但又面临人才流失严重的困难，所以怎样培育馆员的事业心和爱岗敬业精神，怎样提升馆员的学术能力和服务水平，怎样解决好提倡敬业精神和兼顾馆员实际效益的问题，是培育和利用人员需要探讨和解决的课题。

4. 评估问题

评估是任何一个活动或者项目都不可或缺的一个环节，开展评估能够更好地促进活动项目的开展与组织管理，在建设学科导航系统过程中也不例外，并且还需要符合以下的几点评估标准。

（1）内容标准：在学科导航系统当中，包含有丰富的学科内容，其中所涉及内容的深度和广度都应该有严格的标准，要通过严格的内容标准评估学科导航系统当中的内容，更好地分析出当前系统当中内容的学科参考价值。

（2）使用标准：在使用过程中要有严格标准，要求导航系统使用的功能能够满足用户需求，帮助用户在使用过程中更加简易、快速与准确。

（3）效果标准：检验用户在使用过程中的实用性以及用户使用满意度的一种体现。

（二）学科导航系统的发展方向

网络与学术资源导航技术当前也处在关键的阶段发展关口。一方面业务受到关注，各有关机构都在这项业务上投入精力，当中包含许多重要的商业机构。中国最著名的数据库服务商——科技信息研究所（ISI）就在其 Current Contents 网站数据库中，ISI 各学科专家收集和整合的 4000 多个专业资源网址免费增加，通过这个免费网站，专业资源和数据库资源共同为读者提供信息服务，ISI 选定的导航网址也在继续增加。但是目前网上学术资源导航的发展情况非常混乱，导航巨大复杂，服务质量良莠不齐，重复建设现象严重。这些因素都会影响用户对这项业务的信任和使用。因此，网络学术资源导航必须实现标准化、规模化的发展建设。互联网学术资源导航的未来趋势如下。

1. 建设集成化

建设集成化，即大型的、联合的建设导航体系的模式。中国的 CALIS 重点学科导航数据库建设经历了网络科学数据库导航开发过程中的每一个阶段。首先由各成员图书馆自己提出要求：自己研制或采用应用软件建立导航站点或导航数据库，并各自在自己的网站上公布，这里面有不少的成功经验可以认真总结与参考。

2. 资源整合化

图书馆的发展方针是将所有传统与非传统的资讯系统集成在一起，以形成一个不断完善、不断丰富的资讯系统，并最终通过统一的界面为读者提供服务。这样，就可逐步考虑将导航体系站点中所链接的电子资料以元数据编目方式整合到图书馆原有的 OPAC 体系中。

导航库搜索过程也应以元数据为核心。要完成导航库的查询操作，需要处理原始数据，因此需要将数据信息索引、数据信息预形成等作为生产数据的元数据处理。这些元数据往往不符合国家标准规范。目前，国际权威机构或组织提出的、国际上普遍接受和采用的元数据方法主要是 MARC、都柏林核心集等。MARC 格式是中国和全世界图书馆藏书资料的主要说明形式。

3. 结果内容化

结果内容化是指将导航的揭示目标设定成最具体的信息内容，以确保消费者在导航平台收集到的是唯一的和最有价值的资讯。

结果内容化的实现需要在对相关资源采集以及描述过程中有着较高的标准，严格地把控每一个环节，具体包括两方面：首先是需要建立网络学术资源导航系统来更好地服务于描述对象，这种方式也是当前我国导航系统建设的主要方式之一；其次，就是要对导航系统当中的某一篇文章或者报告进行描述来为专门的电子期刊建立相对应的导航系统。

4. 服务主动化

在当前的导航系统当中，使用的是被动等待用户使用的模式，在这样的模式之下其服务的内容并没有得到更大的提升，要实现服务主动化，需要能够通过学科导航资源对用户制定个性化需求的内容主动推送给用户。

5. 系统易用化

目前，我国重点学科网络导航多是以站点树状链接方式存在，一级类目下链接二级类目，用户在这样的模式之下只能进行浏览和信息查询，并不能进行检索与搜索。所以，为了提高专业导航建设的技术含量，针对专业网站数量较少的情况可通过主题树检索方法建立信息，并将信息资料根据主题进行分类、分级进行组织，用户便可逐级检索所需信息。对于较多站点的，可进一步下设细分栏目，进行层层检索。

导航系统应用的程序必须具备站名、关键字、任意关键词、简介等各种形式的简单查询及二次搜索能力；可实现基于知识词典的扩展查询能力；另外，还应具备组合查询的智能搜索功能，并具有布尔逻辑组合关系以及同义词的扩展查询能力和主题词控制查询功能。

第四节　数字馆藏的安全管理

数字资源已经成为许多图书馆馆藏的重要组成部分之一，它为读者获取信息提供方便，推动了图书馆信息资源的建设和网络信息服务的发展，但也给图书馆网络信息资源的安全管理带来了巨大挑战。

（一）我国图书馆数字馆藏的安全状况分析

长期以来，信息共享一直是人类期待和图书管理员们渴望的总体目标。互联网的蓬勃发展和数字图书馆的出现，使人类能够尽可能轻松地掌握自己需要的信息，最大限度地实现信息共享。但是随着数字资料收集的丰富，信息公开度的增加，资源共享的逐步改善，信息安全管理问题也将更加突出，各种计算机病毒和网络黑客（Hackers）的入侵越来越活跃。

图书馆网络遭到毁坏、馆藏数据资料被病毒感染的例子不胜枚举，数字资源存取设备故障不断，数字资源丢失、破坏时有发生。这些情况表明，馆藏数字资源建设与服务中存在严重的安全隐患。通过对一些图书馆的调研可知，造成数字馆藏缺乏安全保护的主要原因有以下几方面。

第一，现有网络系统具有内在安全的脆弱性，在一些图书馆，这个问题比较突出。一方面图书馆网络缺乏科学的规划，暴露出严重的安全隐患；另一方面，对重要的设备、系统和资源缺乏最基本的安全保护措施。

第二，部分图书馆领导或馆员，对数字资源管理思想麻痹，没有重视黑客攻击所造成的严重后果，舍不得投入必要的人力、财力、物力来加强网络安全性。

第三，没有采取正确的安全策略和安全机制，也就是没有主动的安全防范意识，很多馆甚至没有安全管理制度。一旦出现问题，又不知所措，往往造成重大损失，特别是对读者的利用产生很大的影响。

第四，缺乏先进的网络安全技术、工具、手段和产品。信息技术产品更新换代较快，但一些图书馆由于缺乏资金等原因，设备陈旧老化，对网络安全的防护能力较差。

第五，缺乏先进的系统恢复、备份技术和工具。

这五个问题中最突出的现象是图书馆有关人员对安全管理没有必要的认识。

这主要体现在两种人身上：一种是直接负责馆藏或数字资源管理工作的人员，其思维麻痹，或缺乏安全防范意识，又或者存有糊涂、错误认识，自以为当数字资料流失或损坏后，就会比较易于再获取或修复，以至个别人以为，资料流失后，就无非再重新安装一遍，而忽略了因数字资料不可利用而给用户所带来的严重损失；另一种则是个别负责人的侥幸心理，以为确保安全就是防范措施，但要是不出事情，金钱就不会花费了吗？这其实是低估了因安全问题而带来的经济损失。

此外，从相关研究来看，中国的图书馆在安全问题解决方面普遍存在注重信息技术（如防火墙、防病毒软件）解决，而忽略安全技术；注重局部关键设备或重点设备的保护，而忽略整体的、动态的监控与防范；同时，由于对于重大自然灾害的防备，在事前并没有应急解决方案。从上述情况可以说明，馆藏中数字资源的使用将面临许多安全隐患，亟待进一步研究处理。不然，必将干扰数字资源工作的正常健康开展，给有关图书馆带来巨大的损失。

二、数字馆藏安全管理的内容

按照国际标准化机构（ISO）的界定和美国联邦政府部门关于国家信息基础设施（NII）中安全性方面的相关文献中的规定，安全性内容主要包括数据信息的完全、使用、秘密性与可信度等，它还涵盖了运营系统安全和信息安全两层内涵，而法规、措施的保护构成了运营安全中的最主要内涵。

数字馆藏的安全性，或者说图书馆的信息资料的安全性，是指信息系统的硬件、软体以及网络系统中的信息得到保存，不受偶然原因或者故意因素影响而发生的损毁、涂改、泄露，信息系统能够持续工作，网上业务也不会间断。数据馆藏的安全性是一种系统设计思想，涉及数据信息存储的安全性、数据信息保存处理技术的安全性、馆藏信息资料的安全性，还有通信安全性、人员管理安全性、环境安全等多个领域。

数字采集是数字信息资料的整合，基于对设备和操作系统的依赖，不仅要在数字资料内部，而且要在数字资料的存储管理和服务系统两个部分包括安全性。

简而言之，数字馆藏的安全管理应包括数字数据存储、信息服务系统、数字数据内容的安全管理等。总而言之，数字馆藏的安全管理主要包括两大方面。

第一，馆藏数字资源的安全。馆藏数字资源的安全包括两方面。一是指数字内容的安全。这是最主要的，也是最重要的，我们对其他的安全管理都是为了保障数字资源的正常利用。二是数字资源管理与服务系统的安全。每种数字资源都有自己的管理与服务系统或平台，它是提供给读者有效利用数字资源的工具，其安全是不容忽视的。从实际的情况看，数字资源管理与服务系统或平台的故障率要远远高于数字资源内容。数字资源内容的安全主要受到设备故障和管理员的错误操作的威胁。而且随着设备性能与安全性的提高，管理员的技术水平和错误操作将是对数字资源构成威胁的最重要因素。

收藏品中数字资料内容的安全主要表现在几个方面。①安全性：是指满足用户要求时正常工作的电子设备或信息系统。②有效性：确保授权人根据需要及时获取和管理适当的信息。③完整性：确保信息和管理方法的正确性和完整性。④安全性：只有获得授权的人才能访问保修信息。

第二，馆藏数字资源存储系统的安全。数字馆藏存储管理与服务系统的安全主要表现为系统的可靠性和可用性等方面。

三、数字馆藏安全管理的原则

第一，数字馆藏信息资源的安全要以预防为主，重在管理。

第二，等级保护的概念。我们应该识别重要程度不同的应用设备，并将相应的保护措施分为不同的级别。

其三，"适度"安全的概念。实际上，"适度"反映了建筑安全的整体效率和安全风险之间的平衡关系，但不是单方面追求不切实际的安全。这对费用相对紧张的图书馆来说更有实际意义。但是，由于安全不能超越信息化，安全建设是一个可以控制风险的过程，并不能保证绝对的安全。特别是在建立数字图书馆的早期阶段，如果过分重视安全性，不仅没有什么好处，反而会提高生产成本，甚至影响使用。

具体地讲，数字藏品的安全性包括了许多方面的因素，因此对数字藏品的安全性保护必须采用整体的、全面的保护方法，不要一味地只对某方面因素加以保护，而忽略了其他方面。或者说，既不要重视一个方面或某些各种因素而忽略其余的各种因素，也不要只重视工艺和装备要素，而忽略技术和质量要素，同时也不能平等看待各种因素。合理的安全管理策略，应是一种全方位的、系统的、主动的防御系统。在这种系统中，针对不同的情况，按照其作用的差异，分类地分别实施不同的安全防御手段。同时，根据每个图书馆自身的实际，分步实施安全保护策略，这也是制定数字馆藏安全管理策略的一个重要原则。

四、数字馆藏的安全管理策略

（一）制定数字馆藏安全管理的理论依据

数字馆藏的安全管理不单纯是馆藏数字资源的安全保护，它涉及网络、设备、技术、数字资源、人员和法律政策等多个方面，其中每个方面又包括许多因素。

（二）数字馆藏安全管理的策略

安全管理策略是某个组织在特定时间实施的安全措施。数字馆藏的安全管理战略是指图书馆为确保特定时期内收藏的数字资料的安全而实施的安全管理措施。在建立安全经营管理的战略体系时，要综合考虑各种因素中可能出现的重大安全风险，积极采取有效合理的安全预防措施，确保数字采集的安全。但是，在建立藏品时，要根据各因素的重要性和发生重大安全风险的概率，按类别进行安全保护。

第四章
数字馆藏资源的存储与组织

第一节 存储体的功能

数字资源是网络环境下图书馆服务的主要信息资源形式之一。当前，无论是数字图书馆，还是复合图书馆的建设，都需要大量的数字资源来丰富、完善和优化现有的以印刷文献为主体的传统馆藏。而且，随着馆藏中数字资源的日益增加，馆藏文献信息存储介质的结构也发生了变化。馆藏中这部分数字资源，由于存储方式和服务模式的不同，逐步形成了一个相对独立的整体，我们称之为数字馆藏。因而，数字馆藏也可以简单地描述为馆藏中数字资源的集合。

计算机网络的形成，数字资源的出现，给广大用户获取信息提供了极大的方便。特别是因特网的普及，改变了人们生活、学习和工作方式，人们对信息的获取提出了更高的要求。图书馆面临着经费和信息资源严重不足的双重压力。如何改变现状，如何提高用户对图书馆信息服务的满意度？出路只有一条，发展数字信息资源，建设数字馆藏，利用计算机网络为用户提供更广、更快、更精和更准的信息，为用户提供更高质量的信息服务。

数字资源的出现，使图书馆和读者都非常兴奋。但随着时间的推移，读者希望图书馆能够提供更多的数字资源，图书馆也不得不购买或租赁更多的数字资源。这时新的问题出现了。例如，图书馆面对快速增长的数字资源，如何存储？如何管理？如何有效地利用？这就是本节要论述的主要内容——数字资源存储管理系统的建设。

一、何谓存储体

存储体是一个计算机系统，其主要功能是存储图书馆中的数字化资料。存储体是数字图书馆中的书架，它可大可小，可存储数以百万计的数字对象，也可以存储单个对象。

存储体是一个存储数字资源的计算机系统，它由硬件和软件两大部分构成。硬件主要包括存储设备（例如光盘库、磁盘阵列、磁带库和存储交换机等）和服务器等；软件主要包括存储设备管理软件和数据库系统等。

在图书馆馆藏数字资源建设初期，人们并没有意识到存储体的重要性，没有依据不同的数字资源，选择不同数据库和不同性能的存储设备，满足不同用户群体的不同需求。所以，最初的数字资源的存储与管理是孤立的，没有将其作为图书馆系统的一部分。有关的存储设备性能较差，甚至许多图书馆没有专用的存储设备，多种数字资源与其他服务器共用一台服务器。而有关的管理软件主要是依赖于数字资源供应商的选择或推荐。现在，有的数字图书馆在存储体上成功地使用了关系数据库，但是关系模型相对于数字图书馆中所需要的丰富的对象模型来说，灵活性太差。这样的数据库存储系统既不能很好地存储更为复杂的馆藏数字信息资源，又难以满足读者对信息服务日益增长的需求。因而，我们必须依据数字资源的特点和读者需求来选择合适的存储体。数字图书馆的存储体一般要满足以下要求：①数据隐藏；②对象模型；③开放的协议和格式；④可靠性和高性能。

（一）数据隐藏

数据隐藏，指的是在存储体内部结构当中，对于用户而言是一种透明的形式，如果在对馆藏进行重新组织时，转移内部的表现并不会造成外部影响，这是一种面向对象程序设计的方式。首先将对象进行封装，之后会形成一个黑匣子，这一过程用户并不知道，并且对于里面包含的内容用户也不知晓，但是用户却能够清楚地知道该如何去使用，并且使用后能够做什么。这种概念也适用于当前数字图书馆的建设，也就是利用两个存储体使用不同方法组织相关信息，一个存储体当中能够存储数字化的电影伴音、图像数据内容，另一个则是能够将这些存储为一个对象。如果储存体上是缩略图，操作系统在要求缩略图时，操作系统所要给出的可以是自身就储存在储存体上的缩略图，也可以是根据大图形而临时计算出来的。

（二）对象模型

所谓数据模式是指存储体应当采用灵活的数据模式，对信息、元数据、对外联系等内在相互作用影响较小，在使用新的数据种类后不要求对数据图书馆的其他模式做出实质性的调整。数据模式最常见的实例是功能模块。每一个功能都完成了一定的功能，但不同模块间没有实质性的必要的关系，所添加和移除的一项功能仅仅提高和降低了整个系统的某一个功能，但并不妨碍整个系统的正常运作。数据资源的存储体，应是对各种数据资料加以分门别类，将每一个类别都作为某个类型分单元存放，而这种单元内部的变化和整个存储体内部数据的变化，并不干扰整个存储体的正常运行。

（三）开放的协议和格式

互操作协定是建立在服务器端与 Server 之间的协定，其主要作用是构建服务器与 Server 之间的联系，包括客户端向服务器发送申请或者服务器向客户端返还数据信息等。最起码的功用则是给存储体加载数据或者服务使用的功能。客户端使用有完整的协定、类型和协定的存储体实现通信，存储体的设计必须能够使得内容随着能力的日益提高而不断改变。这对存取控制也是一样的。存储体需要在多个层面上提供广泛的存取控制策略。

（四）可靠性和高性能

数据资源中作为资料存贮载体的计算机应该具有较高的安全和可靠度，并同样满足相应的技术指标。可靠性是指计算机能够持续不出错工作的时间，持续工作的时间越久，系统的稳定性就越好。数据安全不仅涉及操作系统的安全，还涉及在数据库体上记录的信息的正确性，即由其他媒介记录到数据库体上的信息，必须与媒体上的原始数据保持一致。而客户从数据库体中读过来的信息，也必须与源头信息保持一致，并且必须不会和很少发生差错，最高大限度保留了资料的原有面貌，即可以确保资料的不丢失。所谓高性能是指，作为存储体的整个计算机都必须具备"灵敏的反应"，可以对客户所提交的数据要求在最短的时间内应答，甚至在网络情况恶劣的情形下也可以在客户忍受的时间限制内对用户要求进行回应。

二、存储技术的发展趋势

在当前数字资源存储技术不仅仅是国内外研究的重要项目内容，更是网络信息服务提供者在投资过程中最关心的内容。

必须明确的是，由于数字信息资料的海量增加以及互联网大数据业务的蓬勃发展，我们在要求信息存储系统数量扩张的同时，也要更加重视信息的有效性、安全性以及信息存储的有效性。

三、数字资源存档与存储介质

（一）新媒体带来的新问题

与其他格式的信息一样，数字信息在生命周期中移动，生产、编辑、说明、索引、传播、获取、使用、注释、修订和复制、删除或保留以备将来使用。即使在存储、访问和传输过程中，信息也会因各种原因受损。

数字对象全部以数字格式存储，并以数字方式访问。对数字对象的访问是磁带。可以通过托架或电子网络（如 CD-ROM）访问，但必须依赖设备、电子操作方法和电子显示软件。与传统信息不同，数字信息能够长期存档并不能保证对存储的数字信息的访问。如果保存良好的数字信息不能在当前设备上读取，则与实际上信息受损没有区别。为了保持对数字信息的长期访问，需要包括技术和成本、法律和管理等多种因素。这些技术、经济和社会因素混合在一起，增加了长期访问数字信息的困难。

从古至今，书写记录技术经历了持续的变化。今天，我们有能力存储详细的位图图像，并将数千条信息内容存储在大容量光盘上。这是技术的一大进步。遗憾的是，进步和后退是绑在一起的。如果媒体记录能力随着时间的推移呈指数增长，存储信息的媒体的寿命将以相同的比例减少。因为新技术不以新媒体的持续性为首要考虑条件进行设计和生产。也就是说，和传统文献一样，数字媒体的质量和寿命对数字信息的保存至关重要，数字媒体质量的好坏直接影响数字信息的保存。

此外，数字技术的发展速度可以与 DNA 复制速度相提并论。新设备、新处理方式和新软件在 2~5 年内定期更换，记录、存储和检索数字信息的手段和产品发生了快速变化。数字技术变化的速度不断加快，在这种背景下，数字媒体的寿命没有必要进一步延长。实际上，技术淘汰比数字媒体的质量好坏对数字信息的保存和访问构成了更大的威胁。

（二）数字资源存档

存档不是简单地将位串从一个旧介质上拷贝到新介质上，还需要保留解释和处理这些位串的方法。正因如此，将信息从一种格式转换成另一种格式，或从一种类型的计算机转换到另一种类型的机器上的信息移植工作有可能成为数字存档的主要形式。

常规存档（Archiving）区别于保存（Conservation）和保藏（Pres-Ervation）。保存关心个别的物品，保藏则注重保留内容，哪怕原来的物品已腐朽或已经毁坏。数字化存档对应的技术是刷新（保持精确位串）和移植（Migration）（保持语义层的内容，而不是位串）。

数字信息存档特别工作小组的报告第一次清楚地阐明了这个区别，它建议将移植作为数字化存档的基本技术。

刷新和移植需要定期进行。商业记录能够保持较长时间的原因在于有一批人被雇用来做这件事。这是他们的工作，他们还将致力于其他相关工作，如安全问题、备份、数据的长期可用性。然而，很多的数字馆藏除了现今的用处之外，没有谁去负责信息的保藏。

（三）存储介质的选择

数字图书馆理想的存储介质是能以低廉的价格保存大量信息的媒介，同时可以帮助用户保存和阅读资料，并且十分安全可靠和经久耐用。它们的性能不同，在数字资源存储系统中，分别承担不同的存储任务。

1. 磁介质

硬盘是现代计算机中标准的存储介质，其容量从数百兆至几千兆字节。磁盘的速度对于数字图书馆技术来说已经够用了，因为从磁盘中读取数据的速度比网络上传输的速度快。而且磁盘的价格下降速度非常惊人，甚至比半导体价格的下降速度还快。

磁盘的弱点是它的不可靠性。磁盘上的数据很容易丢失，一种原因是硬件故障，另一个原因是程序覆盖它。为了避免这种损失，标准的方法是定期将数据拷贝到其他介质上，通常可以拷贝到磁带上，这样简单的错误可以自动纠正。对于长期存储来说，磁盘和磁带都不可靠。数据被记录在很薄的磁层上，早晚这个磁层会衰退的。磁盘对当前的操作是很好的，但不适于存档。

常用的磁介质备份存储设备有磁带机、自动加载机和磁带库，它们各自的速度和容量不同，其用处也不同。在选择磁介质备份设备时，可以根据用户需要备份的数据量、备份速度要求、自动化级别要求等选择不同级别的设备。备份设备多种多样，主要分为磁带机、自动加载机和磁带库。磁带库分为入门级、企业级、大容量等多个级别。

磁带机是读写磁带的基本设备。通过 SCSI 电缆直接连接到服务器，相当于服务器的外围设备，分为内部和外部两种。一条皮带一次只能容纳一张磁带，需要手动交换，自动化程度低。通常，单个服务器备份非常适合数据量非常少的部门或单位。为了通过预定义的备份策略自动管理备份过程和备份介质，减少系统管理负担，必须购买可容纳多个磁带的设备（如自动加载机或库）。

自动装载器通常可以承载 4~20 盘磁带。它和传统磁带库的最大差异就是没有使用机器人抓取磁带，而只是使用一种简易的自动传送设备搬运磁带，而且还可以配备一台磁带驱动器。因此实现成本相对较低，但性能上却受到一定限制。因为它尽管也可以实现自动备份功能，但还是属于较低端的备用装置，适用于单台主机的较小型系统。

磁带库常缩写为带库，是专门的备份装置。它一般由库体、光盘驱动程序、光盘槽位、光盘转换口、操控界面、机器人和电子产品控制系统等构成。库体的部分空间主要是用来安装光盘，将单一或多种驱动程序放置在比库体更专门的地方，只能用来读取光盘。带库工作时，由机器手臂在人力资源管理软件和计算机控制系统的操作下自由移动，然后利用放置在机器手臂上的条码读取器找到对应的光盘，然后再将其抓取到驱动程序内；当读取或写入的操作完成后，再由机器手臂将磁带拔出，重新放置并回到原磁带槽位置。因为带库内允许同时放置多种驱动程序，所以还能支援并发的多功能。针对某个较大的备份功能，它可能分配在几个驱动器上并行地读取、写入，这样就极大地提高了备份利用率，并有效地减少了备份窗口。当然上述功能还需要备份软件的帮助。

2. 光介质

光盘是电子资源常用的存储载体，除了 3.5 英寸的磁盘以外，光盘可以说是目前电脑上最普遍的存储介质了。光盘还具备了随时读写的功能，尽管在数据读写速率方面还不如普通硬盘的速率快，但 650MB 的大容量功能仍然是存放数据信息很好的介质。而目前，我们可以记录光盘的方式分为两类：一是只能读一遍的 CD-R；二是能够反复读取的 CD-RW。如果你的信息在日后不须再修改时，即可直接通过 CD-R 将数据储存于光盘片中。同时，目前空白的光盘片也十分廉价，十分经济且划算。而如果只能暂时地将数据存放在光盘片上，也可通过 CD-RW 来反复读取光盘，但储存信息的过程也是相当耗费时间的。总而言之，通过光盘片实现数据交换或备份的确十分经济，而且也十分简单，是一个相当好的数据存储介质。

盘型驱动器的体积、性能以及使用碟片和上述两种的性质有根本的差异，性能方面也远无法和活动硬盘比较，充其量仅仅是一个存储信息的软件罢了。但其凭借存储介质价格低、易保存的特性也拥有一定的使用群体。

（1）CD-R/CD-RW

CD-R 是英文 CD-Recordable 的缩写。它的主要优点是只能读写一次，但读写过的 CD-R 光盘内容不会被改变，并能够在 CD-ROM 驱动器上和 CD-R 刻录机上进行反复读写。它的使用寿命也较长，并逐步作为信息储存的主流产品，在数据备份、数据交换、数据库分发、文件保存，以及多媒体应用制作等场合得到了应用。还有一个特点是与它相应的新产品 CD-RW，能够进行次数较多的读取操作。实际上，CD-R/CD-RW 都是目前技术较为完善的光媒体移动存储器。首先是可靠性高、被相容性能力优异，其内容能进行几乎全部的 CD-ROM 读写；其次是工艺较完善，成本低，尤其是介质的价格也是各种移动存储器中最低的；

还有就是介质的便携性好，而且接口也很多，不但有 120mm 光盘，而且还有 90mm 光盘和名片盘。

CD-R 是能够一次性读写、可以反复读写的光盘，而 CD-RW 则能够反复读写、多次读取。由于 CD-R 的市场下跌，散装的碟子都低到三角钱以下，价钱相当低廉；而 CD-RW 的碟片相对较贵，特别是 CD-RW 刻出的 CD-RW 盘片在普通的 CD-ROM 上无法读取，这在很大程度上限制了 CD-RW 市场的发展。

（2）MO

MO（莫顿数）是磁性光盘（Magneto-Optical Disk）的缩写，它是将传统硬盘技术和光技术融合的新产品，可以在看似传统的 3.5 英寸至 5.25 英寸的光盘片上，保存上亿字节乃至数十亿字节的数据。由于 MO 盘片磁性物质的磁化次数不限，所以 MO 盘片就可以进行不限次数的读写。不过物质的特性也会随着使用次数的增加与时间的延长而老化，但其可改写次数仍在 50 万次以上，一般来说，寿命也在 30 年以上，所以可称之为永久使用的磁盘。目前 MO 由日本富士通公司主推，产品也均由其生产，市场上的主流产品有 1.3GB、640MB、230MB 等多种，而且接口也分 USB 和 SCSI 两种。

MO 由于具有活动硬盘的优点，尽管目前在国内外的使用领域还大多是局限在广告编辑和图像编辑等领域之内，苹果机的 MO 成为印前编辑的"黄金搭档"已被专业人员广泛认可，但针对在印刷、广告、视频编辑等领域有需要的客户，基本没有兴趣购买除 MO 之外的产品。

第二节　电子书库构建与网络存储

现代社会已经是一个信息时代，信息就是生命，信息的价值也无可估量。因此，当我们越来越沉迷于利用信息来创造价值时，存储作为信息载体就悄然无息地将触角伸向现代社会的各个角落。

一、网络存储的概念与特点

(一) 何谓网络存储

从技术的角度来说，网络存储非常简单易懂，它是 SAN 和 NAS 的组合。SAN 是存储区域网，非常适用于高性能的应用。NAS 是网络附接存储，非常适用于文件系统共享。网络存储与直接存储相比会有什么变化呢？它可以将有关的存储管理工作都整合到一起，实现统一的管理：统一备份所有存储，统一配置存储，统一升级存储，统一保护存储和统一管理与全天候地支持存储。

(二) 网络存储的优点

网络存储的威力不仅体现在它可以节约存储成本，还体现在它可以节约服务器和人员成本。网络存储可以整合存储，当多个服务器和应用系统可以共享一个共同的存储池时，存储的利用率将会大幅度提高。网络存储还可以整合服务器。首先，网络存储不需要很多的通用文件服务器，因为网络附接存储（NAS）可以取代它们的功能。其次，网络存储不需要单单为了添加更多的磁盘而购买更多的存储阵列，因为存储区域网可以增强存储空间。再者，由于服务器和存储系统的减少，管理也会变得轻松很多。另外，据麦肯锡和美林市场分析公司所做的一项调查表明，网络存储的每兆字节（MB）的总拥有成本（TCO）要比直接存储低47%。麦肯锡市场分析公司比较了使用传统直接存储（即 DAS）的用户和使用SAN、NAS 或者两者组合的用户，发现后者可以全面地节约大量的成本，例如安装成本、软件成本、网络硬件成本、备份硬件成本、存储硬件成本以及最大的成本来源——人员成本。

1. DAS

DAS（Direct Attached Storage，直接连接存储）是指将数据经由 SCSI 连接器中的光缆隧道，直通连在一个电脑上。DAS 非常适合于服务器设备在地域上相对分散部署的工作学习环境，或者说数据库管理系统需要通过连接在应用于服务器设备上的地方。

DAS 的不足：DAS 缺乏自己的数据库操作系统，无法进行跨平台的文件共享工作；文件存放方式是很分散的，各操作系统下的文件必须分开存放；缺乏自己的软件，数据信息信息管理上需要第三者的帮助；数据信息虽然可以异地备份，但稳定性并不好。但是，这个方法的优点是前期投资较小，但后期投入高，且总的成本较大。此外，一种以服务器为核心的存储方法，与工作站之间使用局域网端口进行连接，从而可以取得一个或多个普通数据信息服务器上的共享文件。这些数据存储模型不但为互联网服务器设备增添了额外负担，而且也造成了网络系统特性的下降以及使用者等候延迟持续时间的大大增加。

2. NAS

NAS 是英文"Notework Attached Storage"的缩写，中文意思是"网络附加存储"，按字面理解就是连接在网络上、具备资料存储功能的装置，因此也称为"网络存储器"或"网络磁盘阵列"。NAS 是一种专业的网络文件存储及文件备份设备，其解决方案采用了 LAN 中的成熟的以太网 IP 网络技术。NAS 设备可以利用 TCP/IP 协议，在 LAN 上收发数据。NAS 中包括了一个数据库、一个操作系统，还有在一个网络中心上的许多由其他服务器与客户端共用的数据库。所以，NAS 只是一种基础设施，并不是一种互联网基础设施。共享的服务在 NAS 主机上。

通过让数据产生 LAN 地址，数据将不再受直接服务于一个特定服务器的影响，而能够通过 LAN 矩阵进行一个相对自由的链接。原则上，采用各种技术的各种设备都能够浏览远程存储器中的档案。它是借助于一种通用的存取技术来进行的，例如用于 UNIX 服务器的 NFS 和用于 Windows 服务器的 CIFS。此外，用户可以利用软件，在 LAN 中执行多种任务，例如备份到磁带，从而在多个服务器之间共享价格昂贵的硬件资源，例如自动式磁带库。

另外，NAS 具备很多优点，因而可以克服直接连接存储设备的限制，解决由 SAN 所导致的复杂问题。

（1）利用现有的基础设施：NAS 可以利用现有的 LAN 基础设施，最大限度地降低部署成本。

（2）简化部署：因为 NAS 设备可以连接到成熟的、标准的 LAN 基础设施上，并拥有标准的 LAN 地址，因而通常非常便于安装、操作和管理。这种即插即用的操作方式有助于降低风险，提高易用性和减少操作人员的失误，因而可以降低总体拥有成本。

（3）更多的选择空间：存储决策独立于服务器决策，因而让技术人员在寻找符合他们业务需求的设备时拥有更多的选择空间。

（4）连通性：LAN 部署可以在网络中建立任意到任意的连接，NAS 装置可同时连接到多个网络，因而可以支持更多的用户。

（5）可扩展性：NAS 装置的容量和性能可以在单个装置的配置所允许的范围内扩展。但是，这可能会受到一些因素的影响，例如 LAN 带宽的限制，以及避免限制其他 LAN 流量的要求。

（6）异类文件资源共享：远程文件资源共享是 NAS 设备的最基本一点，几个服务器系统都只能使用同一种文档。访问控制是由 NFS 和 CIFS 完成的连续。

（7）高可管理性：通过实现满足多种应用系统的集中式内存，就能够提供集中的内存管理系统。

（8）丰富的备用特性：NAS 装置备用特性是大多数常用软件包的一个常见特性。

（9）降低总体拥有成本：因为可以使用现有的 LAN 网络基础设施，而且很多组织已经具备了相关的网络管理技能，所以 NAS 的成本可能远低于直接连接存储或者 SAN 连接存储。

3. SAN

SAN（Storage Area Network）即存储区域网，是指一个利用光纤集线器、光纤路由器、光缆互换机等各种类型的接口器件所组成光纤通道网，并将光盘阵列或光盘库和相关系统连接起来的高速公路专用子网络。SAN 创造了一个专有的、具有高可靠性的采用光纤通道的存储系统，SAN 既可以相互独立地扩充它们的存储容量，也使信息管理和集中控制（尤其是针对所有存储设备都集成在一起时）更为简单。同时，通过光纤接口还实现了远程网络连接，也使与实物物理上隔离的、不在同一个机房的产品远程存取更为方便。

SAN 基本上是由 SAN 服务器、SAN 存储、SAN 互联设备和 SAN 管理软件构成。SAN 以光纤隧道为核心，实现了数据的资源共享；打破了主机同存储之间 SCSI 接口的距离限制，以及对直联存储容量的束缚；主机利用存储网络就可以直接和存储之间互换信息，从而释放出大量宝贵的 LAN 空间。SAN 采用的三种模式是主机和存储设备间直接高速传输。

（1）从客户端到存储：这是客户端和存储间最常规的交互模式，其优点就是客户端能够串行或并联地使用同一种存储器。

（2）服务器到网络：SAN 可使用服务器之间的高速大容量数据通信。

（3）数据到存储器：利用这些数据技术，可在不要求服务器支持的前提下传输数据，以便使服务器 CPU 的周期能更多地进行其他行为，如应用程序处理等。类似的实例，也包含了磁盘设备不需要系统支持就能够直接把数据备份在磁带设备上，以及跨 SAN 的远程系统镜像等功能。

4. ISCS 技术

由于对网络存储的 SAN 结构投入非常庞大，普通信息使用者很难接受。与此同时，SAN 方法尽管成本相对便宜，但在实际应用的过程中又要耗费很大的网络带宽资金，而不能实现大规模储存的实际应用，因此他们很快就发展出了 ISCS 方法。这项方法主要是把已有的 SAN 连接和以太网（Ethernet）技术整合，从而使服务器可以直接和通过 IP 上网的储存设备之间互相交换信息来源。此工艺不仅价格比目前采用的业界标准 Fibre Channel 工艺便宜，同时系统管理员也能够使用同样的设备来管理已有的网络系统，而不必再以其他的设备来完成整个网络系统的管理工作。ISCS 工艺作为在 IP Storage 中首先获得广泛应用的工艺之一，它尤其适于要求使用已有 IP 网络资源和 IT 信息技术或拥有集中存储，而并不需要重新构建 SAN 架构的用户所使用。

5. 内容寻址存储（CAS）

信息寻址数据库（CAS）的出现正是由于这样一个情况，即数据的大量信息中，除去需要不断更新的信息之外，还有更多的一些信息是以固定的方式出现的最终数据，也就是说这种信息是被固定的，如在广播、影视中播放的广播、电视，医疗检查中用到的 MRI、X 光、检查视频等，以及已完成的文字、CAD、CAM 的文件等信息。但如上所述，根据现在的网络存储技术，不管是 MAS 还是 SAN 都不能对这些以固定方式出现的信息加以优化。使用 SAN 技术保存的信息都具有一个全球独有的标识符，客户使用这些信息的同时，只需在互联网上发布具有这一标识符的信息，而不用再追溯这些信息的物理地址，系统将自动通过这一标识符在互联网上查找到要查询的信息所存的地址，随后再把结果回复给客户。

二、电子书库的构建

数字图书馆由数字资源生产、数字资源存储管理和数字资源服务三个子系统组成。数字资源存储管理子系统就是数字图书馆中专门用于数字信息资源存储和管理的计算机系统。实际上就是我们上节所讲的存储体。

存储体是存储馆藏信息和提供信息访问的计算机群。档案库是一种长期保存资料的存储体。存储体为数字资源提供了一个存储空间，就像传统图书馆存储图书的书库一样，因而我们可以将存储体形象地称为电子书库。电子书库就是复合图书馆或数字图书馆中存储馆藏数字资源和提供数字资源访问的存储设备和服务器组成的计算机信息存储管理系统。

当前，越来越多的图书馆正在建设一种新型的馆舍来满足当前读者用户的需求，但是受到现代化网络信息技术的影响，使得在建设过程中如何科学规划变得更加复杂，在规划中存在较大的难度，需要综合考虑如何在满足当前传统文献服务需要的同时，又能够有助于数字图书馆的网络化与数字化的建设。这是当前图书馆在建设过程中所遇到的一个难点。由于数字图书馆的不同之处，在建设过程中对馆舍建设要求也不同。但是在建设与规划的过程中却对数字资源的存储和管理等都少有涉及。例如馆舍建设中存储体的选择与建设问题；数字化信息资源的长期保存问题；数字馆藏对建筑环境及空间的要求问题；等等。因而，本节主要探讨数字馆藏的存放问题，也就是电子书库的构建问题。

（一）当前数字化信息资源保存中存在的问题

图书馆建筑和文献保护从来都是相互依存的。鉴于数据资源的技术基础、使用方法以及质量管理机制等方面的特点，它们的永久保持还存在着不少方面的困难：①由于磁介质和数字光学材料存在不稳定性，它们的保存期远远不及普通纸介质和微缩胶片材料；②数字技术的新趋势快；③数字信息往往是动态变化的，是相互链接的；④由于数据信息内容的版权法规与机制尚不健全，所以目前对数据信息内容持续保护工作中涉及的授权行政许可、权利转让、内容传递和保存、备用数据信息服务等及其相关的经营和管理难题，尚有待处理；⑤由于数字信息的巨大生产量将使这些现象越来越明显，也使处理上述的难题显得越来越紧迫。

不仅如此，对于数字信息长期保存问题还涉及技术方面的问题。但同时也存在着许多主观方面的问题，其中就包括数字信息资源的采购和保存方面的不足和缺陷，以及数字图书馆建设当中相对应的馆藏保存制度和管理方法的不完善，与以上几个问题相比较而言，在认识上存在的不足更加重要。具体存在以下几个方面的问题。

第一，对数字信息特点认识存在不足与偏差的情况。许多人在使用的过程中，只看到了数字信息的优点，但是却没有清楚地认识到其中的缺点，其中就包括数字信息的易变性，还有对相关设备有着较高的依赖性。

第二，对数字馆藏认识存在不足。许多数字图书馆馆藏的采购仅仅是为了服务，但是并没有将其作为馆藏而进行加工与管理，这导致许多的图书馆出现购买盗版光盘等情况。

第三，缺少长远规划目标，对于数字馆藏的长期发展、保存、管理等没有相对应的制度。

第四，缺乏相适应的设备以及系统对数字信息资源进行保存。

第五，缺乏专用馆舍来存放数字馆藏。

第六，缺乏专业管理人员对数字馆藏进行管理。

（二）电子书库的含义

电子书库又称为数字书库，指的是一种物理环境，一种用于存储数字馆藏的环境，同时也是一种计算机存储网络系统。在整体数字图书馆建设过程当中，电子书库是其中存储管理的子系统，在其中包含四个部分。第一部分是用于存储数字信息资源的硬件设备，包括最常使用的光盘、磁盘、服务器等等。第二部分是对数字信息资源进行管理的系统关键，例如光盘镜像软件 CDNET，还有在昂管的数据迁移软件等。第三部分是良好的馆舍环境建设，并且要能够符合当前存储系统要求。第四部分则是数字信息资源。以上的四个部分都不可或缺，并且还要区别电子书库与数字馆藏、数库之间的不同。

1. 电子书库与数字馆藏的区别

电子书库是将数字信息资源进行集中存放和管理的地方，但在本质上而言，电子书库就是资源库，也是一个专门存放电子图书与电子信息资料的数据库。如果有图书馆，就叫数字博物馆好些。数字藏品指在图书馆藏品中，以数据方式存储的使用计算机所能够使用的（如仅有互联网使用权的外文数据库，或者任何形态的虚拟馆藏等）那方面数据信息的总和。数字藏品通常需要利用计算机或网络存储系统进行处理，是电子书库中的一个重要部分，但是实质上并不是电子书库，电子书库不仅仅包括许多的数字馆藏，还包括相关的设备软件以及馆舍等。

2. 电子书库与数据库的区别

数据库与电子书库之间存在着一定的区别，同时也与数字馆藏不同，数据库是一种重要的工具，是用于数字信息资源管理的重要工具。

3. 电子书库与海量存储设备的区别

电子书库并不是一种简单的存储设备的叠加，而海量存储设备则是在数字图书馆建设中一项重要的设备，对于构造数字存储空间至关重要，能够有效地满足当前图书馆存储的需求。但是海量存储并不是电子书库，这仅仅是一个单一的存储设备，无法对这些设备进行系统管理，每个设备之间并没有联系，所以也就无法发挥出整体的作用。而电子书库则是一种既包括存储功能，有能够进行系统管理和调度的系统。

（三）数字资源管理系统的需求

数字资源管理服务系统面对的是各种各样的数字资源系统。与传统的信息系统不同，它采用了包括人工智能技术和互联网技术在内的许多现代科技成果。从系统需求和设计的角度来看，一个先进的数字资源管理系统应该具备以下特征：

①支持从数据收集处理、数据管理到数字信息公开的管理过程；②支持多种数字资源，包括文本信息、视频、音频、图像和各种标准电子文档；③支持数据的多阶段存储模式和安全备份；④数据模型的建立要符合产业规范，形成支持数字资源标准化表达和传输的标准化流程，充分使用和设置规范标准（一般标准、行业标准、正在建立的新标准），包括支持基于 XML 的数字资源管理；⑤为了支

持各种智能资源搜索，最大限度地利用用户搜索和数字信息，必须支持基于关键词、索引和全文的信息搜索、基于语义和自然语言理解的智能搜索、图像、音频视频信息的关键词搜索、搜索结果的排序和分类、查询结果的二次搜索；同时，系统必须在几秒钟内响应用户的查询搜索；⑥为了支持个性化的用户服务，系统必须记录和分析用户的个人爱好，并根据用户的特点提供相关的个人信息服务，支持新的信息服务模式，系统需要支持主动信息推送服务、信息主题跟踪等主动智能服务功能；⑦支持多种数字资源的整合和跨库搜索，支持统一熟悉的用户界面，将多种数字资源整合到统一结构平台上，实现多种资源的整合搜索和数字信息资源的跨库搜索；⑧支持数字资源的安全管理；⑨除了系统的安全性和可靠性外，系统还必须支持版权管理；⑩系统必须开放，适应能力强，现代信息技术在变化，硬件和软件环境条件也在不断变化，因此，系统必须支持体系结构的开放性、软件程序结构的模块化、提供灵活的系统界面、支持数字资源库的扩展和持续更新。

（四）数字信息资源的保存策略与电子书库的规划

大规模的馆藏数字资源有时需要采用多级存储设备。典型的存储有三层：磁盘、光盘和磁带。磁盘主要用于在线存储，这样信息可以在几分之一秒内读取。光盘为存储大规模数据资源提供了廉价的方案，但盘片是离线存储的。使用光盘时必须先将光盘从光盘仓中移到读取头处，这是一个缓慢的过程。磁带也是离线存储的，使用自动设备装载。

电子书图书馆是存储数字收藏品的计算机存储网络系统。因此，图书馆数字信息资源的数量、保存战略、经费的多少是规划电子书图书馆的重要依据。因此，在规划电子书图书馆时，要仔细分析图书馆的现状和长期目标，并结合图书馆的具体经济情况。数字收藏品和电子书库是互联网时代的新事物，规划时应更加关注未来的需求。这些因素直接关系到未来数字收集的规模、数字收集的发展政策、数字信息资源的长期保存战略。

1. 数字馆藏的建设原则

纸质文献和数字信息资源将长期共存，但哪些资源适合用印刷存储，哪些资源更好地用数字存储，需要分析研究。在进行藏品建设时，不仅要从当前的需求出发，还要从未来的发展、传统收藏品和数字收藏品中寻找合理、科学的平衡。事实上，不同的读者群体，对不同类型的藏书有不同的需求。同时，数字收藏品与传统收藏品相比有利也有弊。

将物理数据转换成数字格式的工作随着项目的规模而变化。将大量收藏转换为数字格式的最佳方法是什么？在数字馆藏建设中，应考虑以下原则。

（1）优先考虑数字化程度高的产品。同一类型的信息资源（如电子书、期刊）有文本格式和图像格式。文本资源不仅占用较少的存储空间，而且便于以后的格式转换和迁移，因此应优先考虑。

（2）除了自己的特色收藏，购买商业化的数据库资源不仅经济，而且系统稳定，服务有效。

（3）纸质文献和数字信息资源发生冲突时，应优先考虑数字信息资源。现在，在很长一段时间里，传统的非数字收藏品仍将占优势。这不仅是经费问题，而且由于读者阅读或使用文献的习惯、使用电子文献的环境（如网络条件等），也是影响图书馆采选政策的重要因素。但是，印刷信息和数字信息之间的平衡越来越依赖于数字信息，事实也是如此。现在图书馆的数字资源增长速度往往比印刷文献快几倍。因为用同样的资源数字化可以满足更多读者的需求。

2. 数字信息资源的长期保存策略

电子书图书馆的规模取决于数字馆藏的规模，数字馆藏的规模取决于馆藏发展政策和长期保存战略。建设原则实际上是数字收集的发展方针。因此，本节主要讨论数字信息资源的长期保存策略。国外一些图书馆已经开始了这项工作，包括澳大利亚国家图书馆制定具体的数字信息长期保护指南，提出：①国家图书馆和公共图书馆应积极推进版本提交制度的法律改革，通过现有的版本提交机制，努力收集和保存各种官方数字出版物和政府机关的数字信息产品；②国家图书馆希望与地方公共图书馆建立合作关系，国家图书馆负责收集具有全国意义的数字信息，地方公共图书馆负责收集具有地方意义的数字信息；③国家图书馆将主要收集有关澳大利亚或由澳大利亚作者制作的数字资料，具有权威性和研究价值。目前主要收集 WWW、gopher、tip 网站的资源，主要通过定期制作精选网站的副本。美国国家医学图书馆制定了各类数字信息（如数据库、网页等）的长期保护等级鉴定政策自行制作，从分析和设置不同类型信息的长期保护水平、记录和交换保护水平的方法、确保适当保护措施实施程序的管理角度来看，最重要的数字信息保留政策是建立数字信息归档系统，这是实现数字信息长期保留的重要管理政策。数字信息归档系统必须是数字信息的资源基础，有责任保持数字形式的社会、文化、经济、知识遗产的长期可访问性和完整性。英国基于多种类型的数字数据，构建并成功实施了多种归档模型。基于电子网络的分布式电子文件系统包含了对数字信息价值的最深刻理解，可以做出正确的选择。而且，通过最慎重地履行归档责任和灵活地应对技术变化，促进了对数字信息的长期保护。

3. 经费

经费通常是图书馆规划中的重要因素。但是在规划电子书库的时候，可以不考虑经费因素，按照我们图书馆的长期规划进行设计。在电子图书馆建设中，我们可以分阶段实施。一方面，数字收集有其发展过程；另一方面，存储设备的寿命是固定的。这样不仅保证了科学性，还兼具了经济实用性。

（五）电子书库的技术解决方案

电子书图书馆是一个微观概念，是针对某个图书馆的。我认为对于一个图书馆来说，电子书库的基本架构是一个设计科学、功能齐全、效率高的存储区域网络。

1. SAN 存储技术

SAN 技术引入了新的存储结构和概念，将存储技术提高到了一个新的水平。SAN 是连接存储外围设备和服务器的专用网络。通常包括服务器、外部存储、服务器适配器、集线器、交换机、网络和存储管理工具。SAN 不仅整合了网络的灵活性、可管理性和可扩展性，还提高了网络的带宽和存储可靠性。降低存储管理成本，平衡开放系统服务器的存储容量和性能，并为企业存储应用程序提供解决方案。SAN 独立于应用程序服务器网络系统，具有几乎无限的存储容量。使用高速光纤通道作为传输介质，将存储系统网络化，实现真正的高速共享存储。

2. 电子书图书馆的技术要求

电子书库是存储数字收藏的大数据存储系统，需要以下性能：

（1）安全性：数字馆藏是图书馆服务读者的重要资源，具有长期保存价值，因此数据安全是第一位的。系统不能出现数据丢失或错误，需要绝对的数据安全性。

（2）高效率：系统一方面必须能够支持大数据的存储，另一方面必须能够支持大用户的访问。

（3）兼容性：信息存储系统必须能够同时为多个主机平台和业务系统提供存储服务，并确保服务安全。

（4）扩展性：电子书库的建设需要考虑系统的扩展和无缝升级，包括硬件平台的无缝扩展和软件的无缝升级。在升级过程中，应考虑将对用户查询的影响降至最低。因此，根据电子书库的存储要求和 SAN 存储区域网络的功能，电子书库认为采用 SAN 存储系统是最合适的解决方案。要根据具体的网络结构、设备、存储容量等各图书馆的具体情况进行规划设计。

（5）电子书图书馆的管理

电子书图书馆是存储和管理数字收藏的物理环境，是存储数字收藏的计算机存储网络系统。因此，电子书图书馆管理包含着丰富的内容。

①计算机存储网络系统的管理

这方面主要指系统硬件的管理。众所周知，数字信息资源严重依赖设备。如果设备出现故障，系统将无法正常工作，这可能会对服务产生重大影响。有时设备故障会导致大量收藏品丢失。因此，电子书库系统必须具备灾后恢复能力。

②系统软件管理

软件管理和硬件管理一样重要。软件故障不仅会导致对读者的服务，还会导致资源损失。它还管理不同时间段内各种资源的存储系统和浏览软件。

③数字馆藏管理

数字收藏管理包含很多内容，包括收藏数据的更新、格式转换、迁移和回放保护。

④环境管理

环境管理主要包括防静电、防水、防火、防尘等。可以防止在事故中对收藏品造成破坏性伤害。总之，在我国，数字信息资源的长期保存仍然是一个需要研究和解决的课题。这也涉及很多问题，如技术、管理和意识问题。作为我国图书馆等信息服务部门，更重要的是提高对数字馆藏长期保存的认识，研究管理方法。微观上，各图书馆应分析、研究和制定自己的数字馆藏发展政策和数字信息资源的长期保存战略。宏观管理中要处理好整体和局部关系，从全国或全省的高度对数字信息资源的长期保存进行分工和调整。

第三节　信息资源的组织管理

信息资源组织管理，即整合，是指在一定范围内对分散、多样、异质、分散的信息资源进行逻辑或物理组织，以方便管理、利用和服务。也可以这样理解信息资源组织管理，也就是说，集中分散的资源，有序地转换无序的资源，使用户能够轻松地查找信息，为用户提供服务。这也是一个广泛的信息资源整合概念，包括信息收集、组织、处理和服务等过程。

一、信息资源整合

（一）什么是信息资源整合

"整合"英文名称 integration，适用于经济、政治、社会、数学、生理等领域。字面意思是排列、汇聚、聚合、整合。一般理解为将看似不相关但实际相关的事物排列成有机整体，形成有效系统的过程或结果。从这个角度来看，整合的结果是形成更大规模的事物集合。这个集合的整体效益和效率大于单个状态的单个事物的效益和效率，甚至大于每个单个状态的简单叠加。整合的本质是所有个人事物遵循统一的原则、标准和规定，打破原来的界限，形成有机的整体。其内涵充分验证了部分总和大于整体的系统观。简而言之，整合后发挥的是整体效益，这反映了整体效果。

"信息资源整合"是指信息资源优化组合的存在状态。根据系统论的原理和具体要求，对各种相对独立的系统的数据对象、功能结构和交互关系进行整合、聚类和重组，使其重新组合成一个新的有机整体，形成一个更高效的新信息资源系统，为科学研究和决策提供信息保护。这里的信息资源是指经过一定加工后相对独立、类型不同、学科不同的数字资源系统，不包括互联网上杂乱无章、不受自身控制的数字信息资源。这个概念逻辑严密，条理清晰，全面、完整、准确地揭示了信息资源整合的丰富意义。

以上是对"信息资源整合"的理解和图书馆信息资源配置的现状。认为"图书馆信息资源整合"应根据特定的原则、规范和标准，将图书馆内部的资源、网络虚拟资源、书目资源、自建数据库等各种载体、形式和类型的信息资源有机结合起来，实现所有图书馆资源的分类、编目和流式集成，使用户能够在统一的数据访问模式下。

（二）信息资源整合的原则

1. 整体性原则

完整性是指在信息资源整合项目中保持信息资源对象的完整性和全面性。完整性主要表现在以下几个方面：①根据主体或服务目标，保证整合资源内容和学科的完整性；②信息资源是整体，不一定是物理整体，但应将分散的资源有机联系起来，揭示数据对象之间的内在联系，逻辑上形成一个整体；③用户界面的集成，即一站式搜索；④系统功能的全面性，即综合资源系统必须覆盖原子系统的所有功能。

2. 科学原则

科学原则主要指综合项目的整体规划和科学论证。也不是急于立项，而是要保证整合的合理性、科学性和规范性，不能随意处理。具体实施过程中的注意事项如下：①科学地选择资源，根据自己的客户和财力合理规划、采购、建设资源，而不是盲目追求很多东西，浪费人力财力；②整合资源组织的科学性，在各种资源之间建立各种关系，开展科学组织，从有限的资源中产生最多的知识和信息；③集成系统交互界面的科学性，包括数据处理过程的后台交互和用户与搜索系统的交互。交互的科学性主要体现在处理界面的无缝衔接、简单快捷的处理流程和便捷有效的搜索界面。

3. 等级原则

等级原则是在建立信息资源整合系统和服务用户的过程中，最终目的是满足用户服务。分层调查是从以下几个方面进行：①数据整合的层次，用户具有不同的知识背景，不同的信息需求，所以要注意不同知识层次的信息整合；②信息资源整合的结构，由于用户的查询需求可能是多方面的，目的可能是复杂的，为了满足其他用户的需求，简单的一维和二维整合可能难以达到目的，因此需要实现数据的多维整合；③提供搜索操作的层级结构，即简单搜索、复合搜索、专家搜索等多层次搜索接口，满足不同层次用户的搜索需求。

4. 最优化原则

最优化原则的目标就是充分利用整合的信息资源。也就是说，如何优化组合后的信息资源，也就是把彼此关系不密切的数据有机地联系起来，发现隐藏的信息和知识，根据搜索系统要达到的最佳结果，即是否有简单搜索、布尔逻辑搜索、二次搜索、同义词搜索、排除词搜索、扩展搜索方法和其他搜索方法，可以达到所要求的整体搜索速度和准确度。

5. 动态性原则

动态性原则就是指整个集成系统能够适应数据的动态变化和用户需求的随机变化。动态系统必须是一个开放的系统，能够将各种数据和各种格式的数据集成到系统中，并及时添加动态数据。对于搜索来说，必须能够适应用户不断变化的搜索需求，具有一定的学习功能，实现动态推荐服务。总之，集成系统的动态性是指它可以随着数据和外部环境的变化而不断变化。

6. 针对性原则

针对性原则是指根据整合目标有针对性地选择信息资源、适当的整合工具和整合方法，不能盲目实施。另外，目标原则是根据用户的具体需求整合和组织信息资源，使整合资源既能满足总体目标，又能满足个性化服务要求。当然，要实现这种个性化服务，还需要系统功能的扩展，例如提供个性化的信息推送服务。此外，根据相关性原则整合信息资源的常用方法还包括建立主题数据库或特性数据库，如 CALIS 、JALIS 项目等。

7. 适度性原则

适度性原则是指根据现有的技术力量和资金能力适当整合信息资源，而不是盲目追求广、大、多。因此，在整合过程中，必须根据服务对象和信息资源整合能力选择要整合的资源。比如艺术类大学要注意整合艺术相关的资源，而文科类大学要认真收集理工科相关的信息资源。当然，这种集成可能会限制用户可用的资源。所以和馆际互借一样，需要多个资源整合组织建立联盟。

（三）信息资源整合的关键技术

信息资源整合不仅需要信息资源的收集，还需要涵盖信息描述、组织、加工、订购、检索和服务的技术支持。该技术主要包括以下几方面。

1. 数据组织和转换相关技术

数据组织技术主要解决与信息资源相关的分类控制方法：行业分类表、地区分类表、中法分类体系、用户自定义分类体系等。数据转换技术主要解决各种格式和平台的数据转换问题，MARC、DOC、PDF、TXT 等格式的文件格式分析，数据交换或转换技术，数据"检查、删除重复数据"技术等。

2. 索引技术

索引技术的研究主要解决如何建立一个完整的索引的问题。这些索引必须满足多种搜索算法和要求，如：全文搜索、同义词搜索、排除搜索、扩展和缩小搜索、集成（集成、跨库、一站式）搜索技术（集成搜索如关键字、关键词、分类导航、元搜索、TOP-K 集成搜索）。

3. 数据描述技术

信息源的语义内容解释、语义识别功能、信息重复率和应用范围研究。还包括如何用元数据表示统一的数字信息，信息标引的元数据标准（如 DC），元数据之间的兼容性交换（如 DC 和 MARC），不同分类体系之间的兼容性交换（如 DDC 号和中间分类号）。

4. 信息自动化处理技术

信息自动处理技术还包括信息自动标引（包括智能分词、信息抽取、信息过滤、主题跟踪、关键词标引、主题标引、概念标引等元数据索引）、自动分类（分类图整合）、自动摘要、自动文本分析和机器翻译（多语言资源整合时）。

5. 多媒体技术

多媒体技术包括多媒体内容分析技术、视频和图像压缩技术、其他图像处理技术（如图像灰度化、二值化、偏差校正、去污染等）。图像文件的自动图形识别技术、多媒体信息的整合与检索、信息的可视化展示（如数据多维展示技术、数据集成展示技术、图形连接技术）。

6. 个性化服务技术

个性化服务技术可分为个性化界面风格（为每个用户提供个性化风格、资源服务风格、界面与其他 web 应用系统一致风格等。）和个性化资源（为全馆提供特色资源，为个人用户提供个性化资源）。后者涉及的核心技术包括获取、分析和利用用户搜索行为、搜索用户反馈、应用用户搜索历史、个性化推荐服务、信息协同过滤、SDI 等。

7. 其他关键技术

与信息资源整合相关的其他主要技术包括元数据标准、数据转换标准、搜索协议等。新一代网络环境下的资源整合技术（如语义网络环境下的信息资源整合技术）还包括动态信息发布技术、分布式软件架构、网络安全控制技术等。

（四）信息资源整合的主要特征

①覆盖面广，综合信息资源来自多个学科，因此知识覆盖面广，能提供更系统的学科知识；②专业性强，资源按学科、专业整合，专业性强；③系统性强，综合信息资源具有统一性和有机关联性，体现了信息资源的系统性，这种相关性反映了学科之间的内在联系。

二、数字整合资源

（一）数字资源整合的方式

"数字资源整合"是数字资源优化组合的存在状态。根据具体需要，将相对独立的数字资源系统的数据对象、功能结构和相互作用进行整合、聚类和重组，使之组合成一个新的有机整体，从而形成一个新的效率更高的数字资源系统。数字资源的整合程度直接关系到能否被有效吸收和利用。

根据数字资源整合的深度，数字资源整合可以分为以下四个方面。

1. 汇合整合方式

汇合整合方式主要是基于 OPAC 资源系统的整合方法。OPAC 是图书馆重要的数字资源系统，OPAC 系统的整合是图书馆数字资源最基本的整合方式。它的实现主要是运行 Z39.50 协议，聚合多平台异构的 OPAC 数据库，建立统一的书目检索系统。

2. 组合整合方式

组合整合方式是相关数据库内的数据对象消除重复信息的合并方法，不仅提供统一查询界面，还向用户提供不重复、高质量的信息。组合方式是多个数据库系统的有机优化集成，既实现了不同数字资源系统中信息的合成，也实现了数字信息质量的优化。

3. 重组整合方式

重组整合方式主要是基于数字图书馆应用系统的资源整合方法。主要功能是通过数字资源的分解和重组，根据数字资源的逻辑关系，由网络构成的相互关联的知识资源系统。这是一种新的数字资源整合模式。

这种整合方式的主要优点有：①可以整合各种媒体和频道的数字信息，不仅包括文本信息，还包括图像、音频和视频；②可以实现不同类型、不同级别资源（第一级和第二级）之间的联系，建立核心资源与图书、期刊、会议、机构和其他科研所需相关资源的整合和联系；③保持知识体系的完整性和关联性，通过知识要素的有序化和知识关联性的联网，可以与孤立的学科交流，使其成为相互渗透、相互作用的有机体，充分发挥科学知识的整体功能；④能够形成新的组织结构和功能的资源体系。这种整合不是简单的"库集合"和"库链接"，而是消除重复、重复和劣质信息，重新收集和重组数字资源内容和结构，形成方便、利用率高的新数字资源系统。

4. 一体化综合整合方式

一体化综合整合是指在 OPAC 资源集成系统和数字图书馆资源集成系统之间建立多维关系，形成更加优化的数字图书馆资源集成系统。关键是实现 OPAC 系统和数字图书馆应用系统之间的技术兼容性，实现各种元数据之间和与其他资源对象的互操作性。

（二）数字资源整合的分类

1. 按图书馆信息资源整合的区域位置划分

（1）整合全国图书馆信息资源。这种类型的整合也可以称为宏观的图书馆信息资源整合，这涉及全国各地图书馆之间的广泛合作。整合、协调和规范从采购到利用的信息资源的各个方面，在国内图书馆之间实现。

所需物品的交换和资源共享。

（2）整合区域内的图书馆信息资源。在信息内容和信息服务方面，由于缺乏统一的领导和协调，同一地区的各图书馆网络系统之间的资源开发在许多地区是分散的和重复的，它们相互之间没有联系，相互独立。

3. 按图书馆信息资源整合深度划分

（1）浅层信息资源整合。指多件收藏品的简单集成，没有深度整合。

（2）适度的信息资源整合。从相关数据库的数据对象中删除重复信息的集成。它不仅为用户提供集成查询界面，还为用户提供非重复的高质量信息。

（3）深度信息资源整合。表示基于知识管理概念的图书馆深度用户服务。打破每个数据库数据资源的分割，根据知识单位向用户提供信息。信息资源整合越深，用户吸收和利用信息的效率就越高。

3. 按资源涵盖范围划分

①整合学科综合信息资源，包括自然科学信息资源、社会科学信息资源、人文科学信息资源、工程技术信息资源等；②学科分布式信息资源的整合，包括多个专业信息资源的整合；③学科信息资源整合只包括一个学科的信息资源整合。

4. 按资源类型分类

①图书资源的整合；②合并定期资料；③报纸资源的整合；④会议论文的整合；⑤各种资源的混合整合等。

馆藏实体信息资源是与馆藏虚拟信息资源相对应的概念，它是指本馆馆藏中实际拥有的信息资源总和。从目前图书馆的建设来看，大部分图书馆不仅有丰富的印刷文献，还拥有大量的数字资源。因而馆藏实体信息资源应包括两大部分：一是馆藏印刷文献资料；二是馆藏实体数字信息资源。

馆藏实体信息资源的整合也就是按照一定的原则，通过一定的方式或方法将馆藏的印刷文献资料和数字资源按照某种特性加以重新组织，使其成为一个整体，提高对用户信息服务的满意度。

（二）数字资源整合中存在的问题

1. 缺乏统一协调的管理思路，造成了数字资源整合中的重复建设

目前数据供应商之间、图书馆之间都缺乏统一协调的管理思路，各有一套，导致数字资源整合中的重复建设。目前，公共图书馆正在建立自己的数字资源导航系统，大部分是 CALIS（中国高等教育文献保障系统）的成员。国外数字资源的引进大多采用团购，这决定了资源上的相似性，使数字资源导航的建设大为重复。

2. 缺乏标准化和统一的描述标准使得集成系统难以兼容

根据数据供应商开发的数据库在数据结构和领域有所不同，有自己的搜索系统，因此在搜索方法、规则、运算符和搜索领域存在差异。这使得在同一搜索平台上进行分布式搜索变得困难。

3. 数字资源导航存在先天不足，必然成为数字资源整合过程中的过渡阶

数字资源导航建设初期存在先天缺陷。导航系统仅位于数字资源的格式级别，不提供内容级别的服务。另一方面，读者不能通过主题和作者查询文献。例如，如果读者不知道该学科在哪个期刊上，则需要逐个搜索可能包含该学科的数据库。另一方面，一些数据供应商和出版社没有提供足够的 URL 信息，因此数字资源的导航系统只能访问该数据库的界面，读者需要重新查询。因此，不难看出，基于数字资源导航的集成只能提供正式的集成功能，只能成为向内容集成的过渡阶段。

4. 缺乏多媒体资源和网络信息资源的整合，缺乏主动服务机制

目前，数据供应商与图书馆之间的数字资源整合主要是出版和自建文献信息的整合。这些资源大部分仍然是文字信息，音频和视频信息不足。不能相应地搜索包含照片、音频和视频的少量信息。同时，信息服务中大多采用被动服务，缺乏主动信息发布服务，无法通过预设的信息要求随时获取最新信息。

综上所述，图书馆信息资源的整合有多种类型和形式，在具体操作中必然会出现交叉整合现象。因此，在推进图书馆信息资源整合的过程中，必须制定统一的规划和技术标准，大规模规范信息资源整合行为。重视和充分肯定信息资源整合在社会经济发展中的作用，从政策上为图书馆信息资源整合提供支持和指导。图书馆信息资源的整合可以说是系统工程，不仅要考虑图书馆界的整体发展方向，还要考虑地方的适用性。要重视信息资源整合方式和技术支持是否有助于信息增值的研究，以及掌握整合基本概念的指导作用。

第四节　馆藏信息资源时效性控制

数字馆藏是图书馆中计算机管理和服务的数字信息资源的集合。近年来，数字（或复合）图书馆建设发展迅速，收藏的数字资源急剧增加。与此同时，随着信息生产的加快，生命周期越来越短，图书馆庞大的数字信息资源的管理和利用之间的矛盾更加突出。因此，如何科学有效地收集、存储、管理、开发和利用该数字馆藏是当前图书馆发展中亟待解决的重要问题。

一、数字馆藏的含义和特征

数字馆藏又称数字化馆藏或电子馆藏。近年来，随着出版技术、信息技术、存储技术、网络技术的发展，图书馆资源的种类和载体形式发生了很大变化。其中，随着各种数字信息资源的迅速增长，图书馆越来越重视数字信息资源的建设。今天，数字信息资源已成为现代图书馆馆藏不可缺少的一部分。因此，建设和发展数字馆藏不仅是数字图书馆，也是现代复合图书馆的中心任务之一。

一般来说，数字馆藏是整个图书馆馆藏的组成部分之一，是以数字形式存储并能被计算机网络使用的信息资源的集合（如只有互联网使用权的外语数据库和其他形式的虚拟收藏等）。特别是数字图书馆藏品是指数字化后用于计算机或网络设备的数字信息。数字收藏品的发展和建设是一个体系，其内容随着时代的发展而不断丰富。

（二）数字馆藏的特点

数字馆藏是现代图书馆馆藏中发展最快、利用率最高、最有生命力的信息资源。数字收藏品在存储形式上不仅与传统收藏品不同，而且具有共享性和服务豁免性，这使得人们越来越重视数字馆藏的建设和发展。总的来说，数字收藏有很多优点，但也有很多缺点。具体特点有九点。①高共享性。数字收藏，如电子期刊或数据库，可以由多个读者通过计算机网络使用。②可管理性。数字收藏可以由计算机自动管理。特别是，在存储 LAN 上构建的数字收集可以根据读者的利用率自动安排数据资源的存储。③开放时间长，不受图书馆安排的限制。④服务范围广。不受地理限制，读者可以不去图书馆，在校园网络或网络上查询、下载、打印所需的文献信息。⑤建筑物占用空间小。⑥严重依赖设备。数字收集只能通过特定的信息技术设备（如光盘机、光盘库、光盘镜像服务器、磁带库、磁盘阵列、服务器等）有效地利用。⑦对环境的高要求。这主要是指存储数字信息的存储、服务器和网络设备的环境要求，如温度、湿度、防尘、防静电等。⑧易受损害。一是数字馆藏容易受到病毒之类的攻击，无法正常使用。二是存储设备（如磁盘、光盘等）损坏导致数据丢失。⑨管理困难。虽然数字馆藏可以由计算机自动管理，但在管理过程中涉及许多因素和困难，包括数字信息资源的知识产权、存储设备升级、读取相关资源的软件升级、数字采集的不定期迁移等。

二、信息及时性管理的含义

在当今的信息社会，使用和管理的信息量每年都呈指数级增长。这个信息不仅需要长期保存，还需要查询。目前，一些国家也制定了新的法规。新法规规定了与业务相关的电子邮件和互联网通信的保留期以及恢复这些信息的速度。

为了以最低的成本最大限度地发挥信息价值，企业开始将自动化网络存储基础架构与全面的服务和解决方案相结合，并制定新的信息管理战略。这种新的信息管理战略称为信息及时性管理，旨在全面支持组织和机构的业务目标和服务水平。采用这种新的信息管理方法意味着根据信息和应用程序对企业的价值进行分类，然后制定确定最佳服务级别和最低成本的策略。

信息及时性管理是一种信息管理模型，用于在信息的整个生命周期（从创建、使用、归档到处理）中管理信息。信息及时性管理的目的是帮助您在信息生命周期的每个阶段以最低的总体拥有成本获得最大的价值。

三、基于 ILM 的数字馆藏管理理念

现代图书馆的数字信息资源早已存在，但过去由于数量少、规模小，数字信息资源的管理一直没有得到重视。近年来，随着互联网的普及和数字信息资源的快速发展，收集的数字信息资源数量急剧增加，管理与服务的矛盾日益突出。这时，一些有远见的专家学者开始呼吁海量数据（数字馆藏）的存储和管理。在复合图书馆的发展时期和数字图书馆的建设过程中，数字馆藏的建设和管理至关重要。

数字收藏与传统的纸质收藏不同，根据存储载体形式和服务要求，管理方法有很大差异。电子文件（如光盘和磁带）具有特定的物理外观。通常类似于图书管理，可以分类到专用书架或 CD 柜中。与纸质文档不同，可以用于在线服务。但是，在线管理和服务需要特定设备和适当的管理软件，如光盘机、光盘镜像服务器、光盘库、磁带库、磁盘阵列等。如有必要，形成存储网络。此外，大多数数字集合都作为数据库存储在磁盘或磁盘阵列。这个数字收藏品通常没有物理形式，需要特定的存储设备和管理软件。管理方法取决于使用的设备和软件。服务效果也会因不同图书馆使用的设备、管理软件、网络环境而有很大差异。可以说，与传统收藏相比，数字收藏的表达和存储方式更加多样，技术性更强，管理更加困难。

数字馆藏管理实际上是决定哪些信息存储在哪里，哪些信息需要长期存储（保存），哪些信息需要随时迁移或删除，哪些设备和存储格式适合图书馆的需要，哪些访问策略有助于数据安全和读者权利的保护。一般来说，数字馆藏管理的目的是在读者需要的时候提供及时准确的服务，同时保证读者的合理使用，以有效保护信息所有者的利益。

数字馆藏管理实际上是决定哪些信息存储在哪里，哪些信息需要长期存储（保存），哪些信息需要不定期迁移或删除，哪些设备和存储形式适合图书馆的需要，哪些访问策略有利于数据安全和读者权利的保护。总的来说，数字馆藏管理的目的是在读者需要时为其提供及时准确的服务，同时在有效保护信息所有者利

益的前提下，要保证读者的合理使用。

四、基于 ILM 数字馆藏管理的主要内容

由此可见，基于 ILM 的数字馆藏管理实质上是根据数字资源在其生命周期不同阶段的不同价值进行分类管理。不难看出，要实现这一目标，必须解决四个问题：①数字资源在其生命周期中的价值变化规律；②数字资源价值的确定；③数字资源的分类方法；④数字资源的分层管理策略和模式。

（一）数字资源时效性规律

美国信息学家霍顿基于信息交流将信息的生命周期划分为：创造、交流、利用、维护、恢复、再利用、再包装、再交流、降低使用等级、处置 10 个阶段。世界著名的存储供应商 EMC 将 ILM 划分为：搜集和组织、保护/回复、复制/监控、访问/共享、迁移/归档、删除/销毁等 6 个阶段。因而，从不同的角度或出发点，信息的时效性可以分为不同的阶段。

（二）馆藏数字资源价值的确定

信息质量或信息价值不是一个绝对的概念。往往根据不同的主体，同一主体的不同需求表现出不同的重要性。ISO 提出了一个被广泛接受的质量定义：质量是产品或服务满足实际和潜在需求的能力的总体特征和特性。因此，信息的质量和价值与用户的需求相关，具有很强的"情境"特征。因此，数字资源对图书馆的价值可以通过评估其服务绩效来确定。根据图书馆的目标和数字资源的特点，分析了影响图书馆馆藏数字资源价值的因素，并根据各因素的重要性构建了评价指标体系。然后，根据评估方法构建数字资源价值评估模型，确定数字资源的价值。

（三）数字资源分类

要实现数字资源的分级管理，首先必须进行科学的分类。这种分类不是主题分类，而是基于数字资源对图书馆的价值，即与图书馆的发展和服务目标相一致的价值。这里有两个问题需要说明：一是数字资源分类的基本单位；二是分类的

时机。

纸质文献载体的形式相对简单，数字资源的构成和表达复杂，分类单位的确定也是一个复杂的问题。比如数据库资源是由若干年、若干学科的文献信息组成的，不同的学科有不同的半衰期。书刊等不同类型的文献，半衰期不同，但价值变化也不同。那么，评价的单位是什么呢？有必要进一步研究期刊类型，单篇论文，书籍和卷，或年份和学科。

（四）分类存储管理策略的制定

图书馆的不同数字资源应该存储在哪里，在什么级别的设备中，什么时候迁移到成本较低的存储中，提供什么样的安全措施和服务模式，在生命周期内尽可能降低管理成本，提高服务绩效。这是这一战略的目标。

基于 ILM 的分层管理是一种新的信息管理方法。其目的是帮助用户在信息生命周期的各个阶段以最低的总拥有成本获得最大的价值。因此，从管理的角度来看，ILM 是一种先进的信息管理理念；从技术角度来说，它是一个战略驱动的智能软件。

第五章
公共图书馆资源建设与服务的过程和规划

第一节　公共图书馆搜集和整理资源的方法

一、数字信息资源的收集和整理

（一）数字信息资源的采选方式

1. 单独采购

公共图书馆系统的总馆/分馆分别负责对数字信息资源的购买，并授权其在整个公共图书馆服务系统中进行共享和利用。东莞市图书馆集群网是一种具有代表性的独立采购方式。东莞市图书馆独立购置了集群网的数字信息资源，但为分馆实现了数字化信息资源的共享。由于总馆/中心馆的资源采购资金有限，所以一般情况下，个别购买的数字信息资源数量都比较少。

2. 联合采购

在公共图书馆系统中，全部会员馆或者部分会员馆共同购买某一数字信息资源，而不是各会员馆的数字信息资源。会员馆可根据馆内的需求，灵活地选择所需的数字资讯资源进行联合购买，以增强图书馆馆藏资源的针对性。佛山市大部分地区和乡镇图书馆采用了"联采共享"的模式进行数字化馆藏的建设。"联采共享"是将会员馆的力量集中起来，可以有效地减轻单个馆藏数字信息资源的负担。联采共享适用于对高价格、高需求的数字化信息资源进行采购。

3. 团体购买

公共图书馆系统的会员馆采用组队的形式进行数字化信息资源的购买，通过 IP 的开放，使各馆所获得的数字信息资源得以共享。在集团采购中，采购员代表各会员馆与资源供应商进行协商，以减少资源采购和议价，获得优质的售后服务和技术支持。由于其价格低廉、省时、高效的特点，在公共图书馆的服务系统中得到了广泛的应用。

（二）数字资料的长期维护

从数字信息资源的产生开始，就一直在进行着不断的维护。必须在对存储载体、识别软件、数据、信息模型和标准等不断地进行转移和转化之后，这些信息才可以被毫无阻碍地使用。鉴于数字信息资源的长期保存费用较高，技术水平较高，因此，在公共图书馆服务系统中，应采取委托保管与协作保管相结合的模式。

1. 委托保管

对公共图书馆的服务系统来说，将其作为一种最经济的方式，就是将其委托给资源提供者和外部的第三方机构来进行集中保管。第三方建立数字仓库，不仅能分享资料的安全与高效的专业技术，还能减少长期储存的成本。

2. 共同维护

各组织、社会团体之间的合作是国际上公认的一种长期地保护方式。为了解决英国数字信息资源的安全保护问题，英国大英图书馆、剑桥大学图书馆、国家档案馆、英国研究委员会、联合信息系统联盟等 29 个机构组成了数字图书馆联盟。与其他机构、团体合作保存数字资讯资源，是一种经济、可靠的保存方式。在障碍的制约下，选择合适的信息资源构建途径，利用全局信息资源共建共享来达到信息资源供给的聚集效果。

二、普通文献的搜集与整理

（一）一般文献资料的选择

公共图书馆服务系统的信息资源建设目标是在各个馆藏资源联合保障的基础

上，实现全民共享的信息服务。因此，与单个图书馆各自独立、寻求"大而全""小而全"的传统馆藏选择理念相区别，公共图书馆系统注重对信息资源的总体布局和分类，其文献信息资源的采选方式主要是协调采选和集中采选。

1. 协同开采

公共图书馆服务系统的会员馆，按照不同的收藏领域和不同的收藏目标，进行了分工合作，共同收集文献。协同采选注重地区图书馆收集异质文献，力求形成具有特色化、专门化的馆藏资源，并与成员馆的优势互补，形成完备的地区性文献保障体系。

2. 集中开采

公共图书馆系统的总馆/中心馆集中了各会员馆的采购资金，独立或者与各会员馆的采购员合作，集中采购文献，例如张家港市合作总分馆系统，每年向市馆缴纳 1 万元的购书费用，由市图书馆自行选择。中央采购制度是我国公立图书馆实行分级财务制度的一项突破，但在我国还处在摸索阶段，还没有得到广泛的推广。为满足不同馆藏的需要，增强馆藏资源的针对性，在公共图书馆中推行集中采购，大多设立了新闻采编中心或组建采访工作小组。

（二）一般文献资料的分类

文献信息资源的报道系统是否科学，对资源共享的影响很大。由于文献资源的组织方式、编目人员的专业水准、编目原则和编目准则的不同，会造成各会员馆的文献资源数据不统一、不规范，从而影响公共图书馆服务体系文献信息资源的共知共享。在我国的公共图书馆系统中，实行的是"共同编目"和"集中编目"。

1. 共同编目

公共图书馆系统建立了一个统一的编目准则，各会员馆按照各自的要求，编制各自的馆藏文献资料，进行套录、复制、上传、下载，并通过成员馆的协作建立实时更新、准确完备的联机联合目录。不同级别的图书馆，其人员编目技术水平参差不齐，分编资料全部归总馆/中心馆审核，并将其纳入书目数据库。联合编目可以有效地将各会员馆的文献资料和人员资源进行整合，从而避免文献资料的重复，进而减少各会员馆的编目费用，达到文献数据资源的共建共享。

2. 集中编制

总馆、中心馆依托本馆的编目人员及技术装备，全面承担了整个公共图书馆服务系统的文献编目工作。集中编目与集中采选是密不可分的，因此，集中编目具有必然性和可行性。嘉兴市城市综合分馆系统、南京市鼓楼街道网络系统等公共图书馆系统均设有采编中心，主要从事文献的收集和编目工作。中央编目所产生的文献资料品质较高，而各总馆/中心馆所承受的工作压力也比较大，因此，从可持续发展的观点来看，应以集中编目为宜。

（三）一般文献资料的保存

随着社会、科技和文化的日新月异，知识和信息更新的速度越来越快，使得文献的生命周期越来越短。文献资料保存是文献资料的剔旧、更新和保存，以保持文献的新奇。公共图书馆服务体系的建立，是为了解决馆藏文献系统和节约馆藏空间的矛盾。

公共图书馆系统建设储藏库的目的主要是为了将会员馆内较少人关注但仍有一定参考价值的老文献进行集中收集。这样既能确保系统的完整性，又能方便读者查阅。例如香港的公共图书馆就专门建立了一个中心后备书库，以统一存放陈旧、使用不充分的藏书。储存图书馆在推动文献流通、满足读者需求、充分利用文献资源等方面发挥着举足轻重的作用。

目前，我国公共图书馆的馆藏文献主要集中在科普、休闲、娱乐等方面，而专业文献数量稀少，分布较为零散，因而对读者的专业信息的要求比较低。2005年，天津高等教育图书馆成立了"版本图书馆"，每年收集全国出版的各类专业书籍 80 000 余种，以方便读者查阅。版本库的藏书，可以弥补会员单位藏书种类的不足，有利于文献资料的交流。同时，也可以利用这一模式，建立一个集中收集专业文献的版本库，提高其专业信息资源的保障能力。

第二节　公共图书馆服务功能的转变和拓展

随着信息技术的突飞猛进，各种电子资料和资源共享技术不断更新，公共图书馆的技术革新也随之发生。例如管理系统、二维码扫描仪等，一些设备也得到了极大的节约，但是随着计算机网络的不断更新，公共图书馆的基本配置和服务功能也随之发生变化。

一、公共图书馆职能转型与扩展的缘由

（一）与其职能相关的需求转换

公共图书馆是政府、商界、工人、学生、艺术界等不同行业的共同产物，是"公器"。随着改革开放的逐步深入，中国人民对知识的渴求欲望一步步加大，思想一步一步开明，政府在公共图书馆上的投资也在不断地增加，每年都会有更多的人来参观。许多人都说，去图书馆是日常一件非常重要的事情。在游客日益增多的今天，图书馆这个为社会文化服务的公共服务机构在为广大市民提供一个轻松、舒适的阅读环境的同时，也要不断创新服务方式，提高自身的服务水平，以适应不同的需求，更好地服务于每一位来访者。

（二）为适应现代信息技术的发展与普及

现代信息技术的发展与普及，使社会文化公共设施的功能也随之发生了变化。公共图书馆是一种兼具文化和娱乐功能的图书馆，其作用已不仅仅局限于借阅书籍。所以，公共图书馆要想在未来的发展中，就必须不断地完善自己的综合功能，从单纯为大众提供资讯、资料等服务，转变为为市民提供更多的创新功能，让大家比起待在家中，更乐意去图书馆，这是图书馆的发展过程中必须考虑的一个问题。

二、公共图书馆服务职能的转变与扩展

（一）要实现转型，必须坚持办好图书馆的基本服务

图书馆最基本的职能就是借书，而图书馆的主要工作就是管理图书，不能忽视基础设施，所以在进行改造之前，必须保证自己的基础设施。考虑图书馆的出借与藏书的配比是必要的，当馆藏与出借不能平衡时，应坚持"借大"的原则。只有如此，才能更好地发挥公共图书馆的资源优势，从而拓展其使用的广度和频度。图书馆空间的立体显示是图书馆空间的重要组成部分，它包含了图书馆空间分布信息、空间属性信息、各类统计信息。其中最基础的是信息收集，主要是对图书进行各种管理，如出入库、借阅等；最后是信息存储，以数据库为基础，对各类信息进行访问。

（二）坚持服务于当地的经济和文化

为加强地方文化建设，各地区纷纷开始关注本地区公共图书馆的建设。科学技术在为人民提供便利的同时，也为公共图书馆的内部构造提出了新的需求。因此，要逐步改变图书馆的发展观念，使之成为读者查阅文献、获取知识、休息、放松的场所，为当地的经济和文化发展做出自己的贡献。

（三）开展科学研究与教学的特点

科学技术是最重要的生产力，而人才是最重要的资源。随着我国社会对高层次人才的需求日益增长，公众作为公共图书馆的潜在使用者，应当成为其服务的主要目标。尽管公共图书馆是为全体公民服务的，但全体公民也应当包括在校生、教师、科研工作者。图书馆是一个庞大的公众数据库，知识分子和科研人员对其的需求远超常人，如果公共图书馆能开辟一座专门的科研资源库，为他们建立起科学的数据库，为知识分子和科研人员提供更多的帮助，为国家的发展做出更大的贡献。

（四）扩大图书馆的社会服务职能

为了进一步提升公共图书馆的整体功能，在原有的基础设施上，结合图书馆

的基础资料、基础的出借管理系统、电子点位系统等，扩大图书馆的功能。这样既可以为本地居民提供更多的社会化服务，又可以充分利用图书馆的资源。总之，随着时代的发展，公共图书馆在为民众服务的同时，也要为民众提供更多的方便，为社会服务，这是图书馆持续改善的目标。随着时代的发展，公共图书馆必将受到更多人的青睐和欢迎。

第三节　公共数字图书馆移动服务体系规划与构建

数字公共图书馆是在互联网时代的必然发展趋势，它是借助现代信息技术，将海量、异构、分散的数字资源整合起来，形成一个有条不紊的整体，并运用各种媒体为用户提供友好、高效的服务，让用户在任何时间、任何地点都能获得信息和知识。

在公共图书馆中，大量的数字化资源将是其不可或缺的一部分。

一、数字公共图书馆建设面临的问题

（一）资源匮乏、服务滞后

1. 资源建设

在资源建设上，公共数字图书馆的数字资源中，商业数字资源占据了很大比例，而公共数字图书馆自身建设的资源不足和质量不高。

由于受资料商的制约，大部分公共数字图书馆所采购的商品数量都是一样的，因此，出现了重复采购的情况。目前国内的数字化资源大多集中在本地，但是大多局限于馆内的局域网，而且建库的质量和标准也不一致。同时，由于各数字图书馆的数据库发行平台不够开放、不连贯，造成了数字资源的专业化程度低、利用率低、高水平数据库少、内容结构不合理等问题。

另外，现有的公共数字图书馆资源主要来源于同方知网、维普信息、万方数据和龙源等商用数据库，在国内中文电子期刊市场占有90%以上；超星、方正阿帕比、书生、中文在线这四家电子图书发行公司已经占据了国内超过90%的中文

图书份额。如此庞大的、高度整合的数字资源，使公共数字图书馆在数字文献的来源上更加依赖出版商。在数字图书馆中，数字资源的获取受到流量、并发、IP等因素的制约。

2. 服务业方面

在服务方面，数字图书馆的公共服务相对落后。数字图书馆是一个庞大的数字资源库，但在不同类型、不同来源、不同数据库类型的情况下，很难对不同类型的资源进行统一的展示。为用户提供的查询服务常常要经过多个平台的访问。另外，由于导航系统的不完善、个性化服务、主动服务和推送服务不够深入，使得一般用户在应用中遇到困难。

（二）公用资源利用率不高

数字图书馆的数字化资源利用率低，严重地限制了数字图书馆的发展。当前，我国公立数字图书馆除了购置商用数据库之外，大多是以本地特有的数据库为基础，缺乏全面的、丰富的、适合大众阅读的数字化资源，这也是造成数字资源利用率低下的主要原因。当前，在数字图书馆中，一般都是以馆内（包括会员馆）局域网为基础的数字文献服务模式，以及馆外使用借书证进行数字文献服务，这就导致了大量的数字文献资源必须在馆内局域网中进行，甚至在网络上也仅限于公共图书馆的有效读者。这就大大提高了读者的阅读费用（尤其是阅读时间），大大削弱了数字文献的高效、快捷的优势，使得大量的读者不得不放弃数字图书馆的大量数字化资料，转向网络。另外，由于缺乏对公众数字图书馆的宣传，许多人并不了解其存在而无法利用。

（三）缺乏统一标准和规范

近几年，各地区的数字图书馆建设风起云涌，但在建设过程中缺乏统一的标准和规范，而且各地区的图书馆因所属部门的差异，造成了各个图书馆的分立、互访等问题。同时，由于公共图书馆、公共图书馆、工业图书馆等不同类型的图书馆相互独立，不能形成完整的数字化资源优势，而数字资源则被"墙"所困，未能真正实现"共建"与"共享"。

（四）以新媒介为基础的公共文化服务模式尚未实现

在数字图书馆领域，新媒体业务的发展还处在初级阶段，比如，国家图书馆和北京歌华公司联合开发了数字电视业务。在移动数字图书馆的建设中，目前我国还只是提供 SMS 服务。就算是开展 WAP 的，也只是提供一般的服务，如目录检索、读者借阅资料的检索等，例如"掌上国图"，也只能提供有特色的检索服务。

（五）不能充分利用互联网

在国内，人们在网络上获得信息、查询信息时，大部分人都会通过百度进行查询，相比于那些已经发展起来的网站，数字图书馆的数据资源虽然丰富，但在公众心目中还没有形成一个完整的知识系统，而且由于门户网站的身份认证系统比较复杂，缺乏快捷的查询渠道，也会造成大量的用户流失。

二、建设数字图书馆移动业务系统的机会

在现代社会，人们获取信息的渠道和方式都发生了很大的改变。新媒体如手机、数字电视等，已被列入数字公共图书馆系统的建设，手机等移动业务是数字图书馆的重要组成部分。移动服务突破了传统的信息服务模式，拓展了数字图书馆的服务覆盖面，尤其是由于信息不畅通造成的欠发达地区的发展。

（一）数据传送渠道迅速扩大

当前，移动通信宽带化的趋势非常明确，宽带发展非常迅速，为图书馆在移动通信中的应用提供了更大的发展空间。当今通信网络的主流是 4G 及 5G 网络，能传送文字、图像、视频，让我们不但能随时通信，还能双向传送资料、视频资料。

（二）移动终端的智能化

移动终端已经不是传统意义上的只完成单项任务的工具，如通话的手机、阅读的电子书阅读器等，"终端是手机和电脑的一个高度的结合体，它更加智能

化"。手机终端拥有独立的 CPU，随时可以扩展容量；独特的操作模式（多点触摸，语音服务，随时定位），操作系统稳定，与电视机、打印机等实现无线接入。随着移动终端的发展，它逐渐演化为一个能够与电视、互联网等各种信息渠道进行即时交流的便携式信息服务平台，再加上其优良的操控性能，是建设个性化的个人信息中心的理想选择。

三、建设数字图书馆移动业务系统面临的问题

（一）网络环境的复杂性

由于移动业务网络的复杂性和不同的数据传送标准，使得移动资源的生成与传送都面临着巨大的挑战。移动业务网络包括卫星通信网络、Wi-Fi 网络、各运营商所负责的移动通信网络、蓝牙传输等。在建设手机业务时，应充分考虑到对各种不同的用户的影响。

（二）手机终端种类繁多

最近几年，手机的发展速度很快，从一台只能用来交流的手机，变成了一台随身携带的电脑。手机厂商在屏幕分辨率、硬件配置、系统应用等各方面都有很大差别，这就要求手机厂商在发展手机时要综合考虑各种手机的适配、体验效果等。

（三）多样化的使用者需要

移动电话用户对移动搜索、新闻、网络文学等的需求日益增加，移动电话用户的结构特点和移动电话应用的类型决定了移动电话的需求，从而必然会影响到公共图书馆资源、服务的构成与配置。因此，如何在海量的资源基础上，为不同的用户群提供个性化的服务，从而影响到移动业务的构建与服务生命周期。

随着移动互联时代的到来，国内外图书馆都在积极地进行着移动终端服务，短信、WAP 等多种服务方式在图书馆服务中得到了广泛的应用，但是由于理念、技术等原因，目前还没有形成系统的服务体系。

第四节　公共图书馆资源建设与服务的发展环境

一、实行免费图书馆服务的政策

随着服务领域的不断扩大，图书馆的服务水平也随之提高，图书馆以往所采取的服务方式也将面临挑战。如何在免费开放条件下，进一步提升服务效能，成为我国公共图书馆政策制定者与实践者共同关心的课题。

"免费开放"是指公共图书馆实现无障碍、零门槛的进入，所有的公共空间、设施和场所都可以免费使用，所有的基础服务都是免费的。

免费服务势必会对图书馆的工作造成一定的影响。目前，我国公共图书馆的免费开放面临着新的局面，业内普遍存在着一些问题。尹美馥在南京图书馆的案例中指出，"免费"对公共图书馆的各个层面的压力都是短期的，可以通过国家政策、财政支持和服务创新来解决。有学者认为，目前我国公共图书馆的免费开放存在着两大问题：一是管理方式的改革；二是建立健全读者信用制度。王宁远以重庆图书馆为案例，从供给与供需矛盾、管理体制创新、运作机制创新等几个方面进行了剖析。

二、公共图书馆的经济环境和资源建设与服务

随着经济的发展，公共图书馆的资源建设和服务得到了极大的发展，其中，公共图书馆作为一种社会公益事业，其资金来源是政府财政拨款，以国民经济发展为支撑，以提供信息资源及相关服务来满足社会信息需求，而公共图书馆的信息服务基础和信息资源供给量是满足社会信息需求的必备条件。

公共图书馆是我国公共文化中的一个重要组成部分，其建设和发展受到了越来越多的关注和重视。政府对公共图书馆的资源建设和服务提供了更多的支持。

同时，随着我国经济的不断发展，对外信息交流的不断加强，人们对信息、文化的需求也越来越大，中国的公共图书馆在这一背景下也得到了快速的发展。

虽然我国公共图书馆的资源建设和服务得到了快速的发展，但是仍然存在着

一些问题，特别是在经济上。

一方面是资金严重不足。国内生产总值在持续增长，但在公共图书馆方面的投资却远远不够，用于图书馆建设的经费也越来越少，而随着物价的上涨，纸质书和电子书的价格也在上涨，导致信息和图书的更新速度越来越慢；图书馆的藏书数量越来越少，已经跟不上顾客的需求，进入图书馆的读者越来越少，接待人数也越来越少，这就导致了图书馆的投资越来越少，陷入了恶性循环。

另一方面是还有大量的专业人员，如图书馆专业管理人员的流失。公立图书馆职员的薪水和各种福利都是由国家和地方政府拨款，与工薪阶层的工资水平相差甚远。因为心理上的落差和对高收入的追逐，使得公共图书馆工作人员"跳槽""下海"，而大量的专业人才的流失，也对公共图书馆的稳定有序发展造成了很大的影响。

本节从经济发展的角度，阐述了公共图书馆的资源建设和服务的经济环境。

（一）我国公共图书馆的建设与经济发展

本节认为，我国公共图书馆的发展主要是由经济发展带动的。在当前的大环境下，中国的快速发展为中国的公共图书馆建设提供了有力的资金支撑。随着政府对公共图书馆的投资不断增加，公共图书馆也在进行市场化运营，为中国公共图书馆的可持续发展提供了丰富的资金来源。

然而，在此基础上，我国的公共图书馆并没有"反哺"经济发展的趋势。可见，中国的经济发展中，公共图书馆的作用并不明显。此外，公共图书馆作为一个重要的信息传递途径，其价值并未充分发挥，这一事实可以从经济发展指数与图书馆发展水平指数的因果联系中得知。这也从一个侧面反映了中国图书馆在普及科学技术、提高人类精神文明等方面存在的不足。这也是当前公共图书馆建设面临的一个重大问题。

（二）公共图书馆受经济发展影响的显著滞后

经济增长对公共图书馆发展的作用表现出了显著的滞后效应，经济增长对图书馆发展水平的影响差异很大，尤其是机构数量增长率、总藏量增长率、图书馆实际使用房屋建筑面积增长率，这三个指标能够产生正的响应，这一点跟我国公共图书馆的发展现状基本吻合。中国经济发展迅猛，但中国公共图书馆的发展与中国的经济发展步伐相比，长期来看，无论是硬件还是软件的投入都显得不足，这也说明了中国图书馆建设的紧迫性与危机意识。

总之，公共图书馆资源建设和服务受到经济发展水平的制约，应逐步实现与国民经济同步发展、适度超前发展、以公益性和服务性为基础不断创新，促进国民经济快速发展，国民总收入提高了，公共图书馆就能获得强大的经济支撑。公共图书馆应持续提供创新知识产品，以知识带动经济，实现知识产品的增值，促进物质产品的价值。因此，公共图书馆要了解地方经济的各个行业，了解它们的最新需要，提前准备各种层次和类型的信息资源，以服务地方的优势产业，繁荣地方经济文化。在推动地方经济发展的基础上，增加了地方政府的资金支持。

三、社会环境下的公共图书馆资源建设和服务

社会政治、经济、信息技术环境的稳定与协调，为公共图书馆的资源建设和服务创造了有利的社会环境。

在政治方面，我们党将发展文化生产力作为国家振兴战略的一部分，以建设学习型社会为主要目标。图书馆作为社会文化组织，在建设学习型社会和提高国民素质方面发挥着越来越重要的作用。

从经济的角度看，随着经济的发展，人们的文化、思想、观念发生了变化，人们的教育水平越来越高，对文化的需求也越来越大。

在信息技术方面，现代信息技术的运用，使图书馆的工作、管理、思维模式发生了翻天覆地的变化，信息的收集、获取、处理、储存、提供、使用等各个环节，都能充分利用现代科技对图书馆的影响。山东省图书馆"千兆网"的建设和"知识信息集成"平台的建设与完善，为实现知识信息的方便传播、实现文献资源的共享奠定了坚实的技术和硬件基础，也将省图书馆的读者服务工作推进到传统的借阅服务和现代网络服务并举、并进的新的发展阶段。

在此背景下，应进一步加强公共图书馆的资源建设和服务，以防止网络技术落后、网络内容匮乏；服务员熟练地使用计算机，但对读者却冷漠；计算机管理体系在不断更新，而文献利用率却没有提高；在技术环境下，为了提升装备的档次，而在满足读者的基本需求时，往往会遇到一些技术上的问题。

第六章
数字图书馆信息资源的建设与处理

第一节 数字化信息资源的来源

数字信息资源是数字图书馆实现其社会功能的重要物质基础，其意义等同于传统图书馆的图书。没有持续的信息源和有效的组织方法，数字图书馆的建设将受到很大影响。

数字信息资源由数字形式转换而来，其来源、组织和实现都不同于以往，这意味着数字图书馆必须整合各种资源。从整体上看，数字图书馆的资源主要来自三个层面：数字资源、网上下载资源和网上购买资源。图书的数字化是通过键盘输入和扫描将已有的文献数字化，使其具有特定的组织结构。在硬件条件的配合下，联入互联网中，提供给远程用户检索、查询和利用；网络资源下载则指通过互联网获取的、能满足人们信息需求的有效信息，主要取材于互联网；电子资源库采购指通过购买等手段将现成的商业数据库纳入图书馆自身馆藏之中，是一种快速有效地扩充图书馆馆藏的重要手段。这三种资源也有交叉，如网上的电子期刊、电子图书可以说是网络信息资源，但是它们又是实物信息资源数字化后得到的，所以又可以说是馆藏数字化信息资源。电子资源库的资源来自对纸本资源的数字化，只不过集中成一个资源库成了产品。下面将分别对不同的数字化信息资源的来源进行阐述：

一、馆藏资源数字化

（一）键盘输入

利用计算机键盘输入数据是一种较为原始的手段，这种方式形成的文件空间小，但是效率低、错误率高、成本也高。现在这种方法只局限于小范围的输入工作。

（二）扫描

扫描是数字图书馆建设的最主要手段，在馆藏数字化方面起到了不可低估的作用。扫描识别录入技术是一种根据光电转换、模式识别和人工智能原理，将印刷或手写的文字或符号通过高速扫描设备录入并转换成可供计算机读取的内码，从而达到自动录入资源的目的。

1. 扫描设备

扫描仪起步于 20 世纪 70 年代中期，最初的扫描仪仅能捕捉黑白二值化图像，体积相当大，扫描速度也很慢，且无法输出彩色图像。到 20 世纪 80 年代中期，诞生了世界上第一台彩色扫描仪。现在，扫描技术已有了迅猛的发展，目前最常用的扫描设备是平板式扫描仪。各种扫描仪具有自动辨别像素的灰暗程度（灰度）和颜色的功能，使计算机能输出与原件一样的图像。

扫描仪已广泛运用于图像处理、文字识别、图形识别，是文字、数据录入和信息识别领域不可缺少的设备。

2. 扫描资料的选择

图书馆需要对拟扫描的资料进行选择，选择时需要考虑以下七点。

（1）公众网络检索需要。

（2）高成本与有限资金之间的矛盾。数字化所有馆藏文献需要大量的资金投入，且数字化后的文献还需要成本的投入，如质量控制、元数据生产、制作索引等。

（3）保存的困难。由于计算机软硬件在不断变化，使数字文献的长期保存和迁移较困难。

（4）知识产权问题。必须在文献数字化之前解决其知识产权问题。

（5）社会的考虑。某些文化的或过于敏感的资料不宜放在网上。

（6）文档规范化。文献数字化中三分之二的成本用于元数据的创建和质量控制的工作，因此，不符合文档建设规范的文献，在加工之前不宜数字化。

（7）图书馆信誉。图书馆需要检查数字化资源的准确性和信息的权威性，可以从撰写人的权威性、背景等方面严格地剔除不够准确的信息。

为了确保拟扫描资料的质量，建议图书馆在数字化资源制作前成立一个资料筛选工作组，资源的选择可采取三个步骤。

（1）资料范围的界定。组织资源收集人、研究者（资料筛选人员）对收录资源的学科、地域、时间、语种、类型等进行界定，以确定需要数字化的文献范围。

（2）根据上述标准在界定的文献范围中筛选出符合要求者。

（3）根据文献的价值、使用程度和数字化的风险程度对文献的优先程度排序，以决定文献数字化的先后次序。

3. 自动识别（Optional Character Recognition，简称OCR）

扫描之后的计算机自动识别技术是整个数字图书馆建设中至关重要的技术之一，自动识别技术的先进与否决定了数字图书馆信息资源建设的速度与质量。

文字的计算机自动识别技术是数字化领域的一项非常重大的革命，这是一种将扫描文件转换成文字的计算机软件。其工作方式主要是利用扫描设备（或数码相机）等光学输入设备从纸质文档中提取文字图像，利用各种图像识别方法分析字符的形状，从而获得字符的标准编码，并保存为普通文本节档。因此，OCR实际上是让计算机认字，实现文字自动输入。正是由于它录入速度快、准确性高（识别率可达98.5%以上），操作简便，能大幅度提高工作效率，适应信息时代快节奏的要求，因而具有广泛的发展前景。

（三）全息处理技术

全息处理技术是指纸质媒体信息数字化时，将扫描的文字信息与手动显示的版面信息（如字体、大小）相结合，结合图像和其他版面信息，用页面描述语言生成版面文件。版面文件还包含自定义汉字。结合导航、自动读取等增值信息，构成可用于数字读取的原始信息。简而言之，您可以将纸面文本转换为包含所有信息的数字文档，从而经济高效地转换。书生之家数字图书馆就是使用这种全息数字化技术来加工原始资源，解决了图书信息完整性、导航信息、海量存储、图书浏览、防下载盗版、防止信息拷贝盗版等问题，其做法有一定的借鉴价值。

二、网络电子资源下载

网络电子资源下载是数字图书馆迅速扩大其馆藏的一条非常经济的途径。

（一）电子资源收集策略

图书馆工作人员可从各种途径收集和下载对图书馆有重要作用的电子图书、电子期刊和各类特色网站等电子资源。

网上各类电子资源内容丰富，格式多样，而且大多可免费下载。但它们分布零散，不能系统地供读者使用，这就需要数字图书馆工作人员利用各种途径找到这些杂乱无章的电子资源，并将其下载到数字图书馆本地存储媒介上，然后按照图书馆的分类体系将各种电子资源归入不同类别，以方便读者取用。

在电子资源收集过程中，不妨动员读者推荐或提供电子资源。这正是数字图书馆比传统图书馆有所突破的地方：传统图书馆无法集中读者的力量为馆藏建设添砖加瓦，而数字图书馆就可以充分利用电子信息资源无限复制、无限传播的特点，将一位读者手中的书变成大家手中人手一本的书，从而以极大的速度扩大馆藏。对于提供电子资源的读者，要给予适当的鼓励，譬如一些物质奖励，如赠送读书卡等，使读者切身体验到奉献一本书，就得万本书的好处，充分调动起读者的积极性和主动性，从而使得可供下载的电子资源越来越多，也可为图书馆节省大量的成本。必须强调的是，一切提供下载的文件不可用于商业目的，而且要在版权允许的范围内。若原文有版权，应照原文格式提供下载，不能人为去掉版权信息。

（二）网络电子资源的整理

由于技术上的原因，下载后得到的资料格式不统一，要对这些不同格式的内容进行组织涉及多方面的技术，如脉冲信号、数据宽度、像素、颜色、对比度、压缩编码算法等。不同的文件格式需要用不同的软件来显示，这给人们的查找带来了一定的难度。不同的文件格式并非都可以相互兼容，有的格式之间转换后会发生变化。例如，当纯文本节件被调到 Word 中时，Word 不能对其进行自动排版，无论纯文本节件原来的格式多么整齐，调入 Word 后，文本的左右两边不能同时对齐，如果原文本每行的字数较多，调入 Word 后，可能会被拦腰截断。再如，将 HTML 格式文件转换成 Word 后，有时还会损失一些图像信息。

因此，需要利用图书情报学关于信息组织的方法与技术对网络电子资源按类归并、统一格式、添加检索功能，才能更好地提供给读者使用。

三、电子资源库的采购

电子资源的采购，指购买各种业务数据（如综合数据库、专业数据库），为数字图书馆提供快捷的信息服务。面对海量的信息库，只有通过多方了解，精心挑选，才能让自己的资源最大限度地满足用户的需求。

在采购资料库时应留意下列事项：

（一）深入了解各种类型的数据库

对电子资源库市场，图书馆采购员必须有一个既宏观，又微观的认识。宏观上，要了解资源库的类型、不同资源库之间的关系以及资源库是否适合图书馆自身的长期发展走向；微观上，要具体了解某一类型的某一种资源库的历史发展情况、技术支持公司状况、资源库的服务对象、未来发展方向以及服务费用等。要比较不同资源库的发展优势并做好详细备案，要调查各资源库用户的使用情况、了解各资源库制作公司的信誉及售后服务的真实状况等。通过这一系列方式，才能对资源库有整体而详尽的了解，才能准确进行资源库的采购。

（二）正确认识数字图书馆自身的情况

建立在了解数字图书馆资源定位上的资源库选购才可能是成功的，定位主要应考虑以下因素：

1. 数字图书馆自身的性质和发展趋势的定位

要根据馆藏实际情况，确定自己的特点和发展方向，就是要把自己定位为一个综合型的、专业化的、面向大众的、学术的或为政府部门的。例如，公共图书馆与公共图书馆选择信息资源库的导向就不同：前者主要以学术数据库、专题资料库、研究资源库为主，以面向大众的电子书库如书生之家等为辅；后者则主要以地方文献数据库、特色数据库、财经及科普方面的数据库为主。

2. 读者群的定位

读者的评价是一个数字图书馆是否成功的重要指标。数字图书馆要满足读者的需求，就必须订购符合本馆读者群文化层次、兴趣爱好的资源库，还必须从历史角度来研究读者群的变化情况，这样才能真正订购到合适的资源库。如公共图书馆的读者对象往往定位为本地区的社会公众，所以科普性的资源库要多些，而且一般以制作地方特色数据库为主。

（三）合理利用资金

资金问题是决定能否购买、购买多少以及购买什么档次的资源库的重要因素，合理利用所提供的资金，为读者提供力所能及的服务是我们的宗旨。

（四）数据库服务商的选择

电子资源库服务商的质量不一，好的服务商将着眼点放在如何满足图书馆的需求上，而一些服务商只是简单地汇集来自不同数据库生产商的产品，没有做更进一步的精加工，也没有开发将这些数据库进行集成的技术；另外一些服务商的主要目的是销售其软件系统，不太重视资源库本身的质量。因此，服务商的选择对于电子资源库建设的质量非常重要。

选择服务商并不容易，特别是当面对一个大而复杂的项目时，建议的选择步骤为：确定项目的目标和内容；初步确定潜在的多个服务商；公布项目的目标，寻找对项目感兴趣且基本符合项目要求的服务商；制定一套项目操作方法和质量控制手段；列出一系列的服务商名单；撰写一份 RFP（建议需求书或招标书），并将之发送给选好的服务商；当服务商准备他们的方案时，和服务商多交流，包括访问他们的网站和面对面交流；评价不同服务商的方案并选出最佳方案；签订协议；与服务商协同工作。

当然，在实际操作中，要综合考虑上述各个实际因素，动员馆员、专家以及读者对资源库的购买提出自己的意见，集思广益。即使已购买了数据库，也要不断听取读者的反馈意见并加以修正，在图书馆与读者之间形成良性互动的机制，这才是数字图书馆健康发展的真正源泉与动力所在。

第二节　数字信息资源的描述和处理

一、数字信息资源描述和处理语言

数字信息资源的描述和处理是数字图书馆的一项核心内容。为此，许多专家和学者在网络信息资源的描述与组织方面做出了很大努力，搜索引擎和主题指南的出现、多种元数据格式、标记语言框架的提出都是这种付出和努力的具体体现。

随着对这些标记语言研究与应用的发展，与它们相关的标准也取得了重大进展，与 SGML（标准通用标记语言）相关的最典型的是 HyTime（超媒体文档结构语言）和 DSSSL（文献样式语义和规格说明语言）。

（一）超媒体文档结构语言（HyTime）

HyTime（Hypermedia/Time-based Document Structuring Language）标准是关于超媒体文献标记方面的超媒体语言，它定义了超媒体和多媒体系统，尤其是超链接（Hyperlinks）、对象的定位（Locations of Objects）和文摘表示空间（Abstract Presenta-tion Space）等方面编码的体系结构，并提供了在 SGML 文献中表示链接的标准方法，而最有用的概念之一就是体系结构格式的标准化。HyTime 系统使用 SGML 作为它们管理数据的基本编码语法，但又不局限于 SGML 编码数据的管理。它是 SGML 的应用和扩展，在超媒体文献的数据资源管理方面必将有广阔的应用前景。

(二) 文献式样语义和规格说明语言 (DSSSL)

DSSSL (Document Style Semantic and Specification Language) 的基本目标是为处理与 SGML 文献标记相关联的信息提供一种标准化的框架和方法，其主要用途是实现 SGML 文献向其他格式文献 (包括 SGML 文献等) 的转换，从而促进文献信息资源的交流与共享，这将极大地拓宽和加速 SGML 的应用。

二、数字信息资源描述和处理的标准与规范

技术标准主要从技术层面规范数字图书馆的技术体系和功能指标，技术层面则从制度、组织、人力、资源等角度规划数字图书馆的实施。在数字资源开发的初期，图书馆面临的问题是如何将各种传统媒体的数据资源数字化，从而为这些资源构建一个稳定可靠的运行环境，实现便捷准确的数据查询。在信息资源丰富、计算机信息技术日益完善的时代，如何整合不同人、不同时代、不同技术的信息资源，给广大受众带来最大的便利。

我们在使用数字资源时，在各个层面都会遇到这样的问题。纵观目前已有的数字资源，大部分在单独应用时都能取得不错的效果，但综合应用时，就不那么令人满意了。因此，必须采取许多程序来查找所需的信息。根本出路是建立一个综合查询系统。如果数字信息资源的描述和处理能够遵循一定的规范和标准，将会极大地促进集成信息查询和服务系统的建设。因此，为了整合信息资源，需要制定相应的规范和约定，以规范的方式掩盖各种档案的命名规则。数字信息资源建设包括内容创建、描述、组织、管理、服务、长期保存和工程建设。

(一) 制作数码内容的标准化

数字化内容的制作标准包括内容编码、数据格式和内容识别三个方面。

1. 内容编码

摘要内容编码是以电脑方式和符号方式进行的，它是限制数字资讯的可用性与可持续发展的基础。在数字化图书馆中，一般都需要在数字化资源的编码层面上遵守基本的编码规范，以便为实现数字化资源之间的信息交流奠定坚实的基础。

（1）基本的代码准则

随着全球网络化的发展，图书馆必须建立一套由各个馆藏共同认识和处理的文字符号体系，既可以实现多种语言的统一处理，又可以实现多种语言的混用，而且要做到统一的编码，保证图书馆的文献资料能够与其他方面的信息顺畅地对接。ISO/IEC 10646《信息技术——通用多八位编码字符集（UCS）》是一个可以同时进行识别和处理的字符和符号系统。这一国际标准是国际计算机和语言文字界的专家们，在国际标准化组织（ISO）指导下，历时 10 年的努力成果，它体现了图书馆界对文字符号的复杂要求。

（2）特别资料的编码

专用信息编码包括数字符号、公式、化学符号、矢量信息、地理坐标等，如化学标记语言（CML）和化学文件中的标定语言；GML 是一种可以表达地理空间目标的空间与非空间属性的数据，是 XML 技术在地理空间信息中的一个重要应用。通过 GML，可以对不同的地理特性进行存储、发布，实现对地理信息的显示。与此相似的还有 MML（数学置标语言）、SVG（可扩展矢量图形文件格式）等。

2. 资料的形式

在建立数据时，要选择合适的数据格式，而不同的描述目标需要不同的数据格式。

（1）文字形式

通常，文字资料的存储方式有两种：文字档和图片档。对于文本节档的描述系统，最好是采用易于移植、易于传递的 HTML、XML、TXT 等开放的描述形式。当然，还有很多特殊的格式，比如 Word 格式，比如 DOC、RTF 等等。另外，一些特定的领域也有其独特的表达形式，例如 TEX、LATEX 等在数学、工程计算中的应用。然而，目前国内的数字图书馆大多都是用自己的标准格式，比如中国学报网的数据库就是 CAJ 格式的，所以只能通过专门的 CAJ 浏览器来浏览。超星的数字图书馆，使用的是 PDG 格式，这种 PDG 格式和图片差不多，非常逼真，但不能下载文字，只能通过超星浏览器浏览。放眼所有的数字图书馆，都有类似的问题。究其根源，是由于不同的电子资源开发商拥有自己的著作权，为了收回开发费用和维护版权，必须采取这种方式。在以 HTML 为基础的网络语言广泛存在的情况下，由于资源生产组织不能将其纳入到版权信息中，也就没有办法对其进行有效的利用，所以只能采用本土化的方式，从而使得浏览器的类型越来越多，给用户带来不便。但是随着 XML 的问世，这个状况有了很大的改观。前面提到过，由于使用元数据来表示数字资源，所以 HTML 只能显示固定的数据，XML 可以根据不同的格式进行不同的处理，使元数据的优点得到最大限度地体现。以都柏林中心元数据为例，从资源内容、知识产权、外部属性三个角度对其进行了详细的描述，并将 XML 技术应用于知识产权问题的解决。然而，当前，复制现象比较严重，同一电子资源的数量多，内容相同，形式各异，造成人力、物力资源的极大浪费。因此，资源生产部门在解决版权问题的同时，应该把重心转向资源内容的生产和质量。

（2）视频的形式

可以使用 JPEG、TIFF、GIF、PDF 等多种形式进行存储。TIFF 是一种不失真的压缩方式，能够保留原始图像的色彩和层次，但是需要大量的空间。而在线阅览所使用的视频资料，可以使用 JPEG 格式，即一种将视频压缩到极小的储存空间内，一般为 10：1 至 40：1。在压缩时，由于存在着大量的重复或无关紧要的信息而造成的信息失真现象。但是由于其占地面积较小，所以非常适用于因特网，从而缩短了传送视频的时间。GIF 格式可以用于预览图像资料。由于这种方法在压缩时不会丢失像素数据，只会损失图像颜色，因此一般用于简单的图形和字体的显示，并且满足了预览格式的需要。而线性图像则可以使用 PCX 格式，它的格式更简单，因而尤其适用于索引和线图图片。

（3）Video

视频分为视频和视频流两种，即流媒体，即在线下载和在线观看。其中包括：AVI，MPEG-1、MPEG-2、MPEG-4、DIVX、MOV、真实视频、ASF 等。AVI 是 AudioVideo Interleave 视频接口的简称，它具有良好的兼容性、易于调用、高画质和大容量。MPEG（Moving Picture Experts Group）是一种动态视频专家组，目前它的成员包括 MPEG-1、MPEG-2、MPEG-4、MPEG-7、MPEG-21 等。MPEG-1 已经在 VCD 中广泛使用；MPEG-2 在 DVD 的生产（压缩）和 HDTV（高清）中使用；MPEG-4 是一种可以在线收看的流媒体。DIVX 图像压缩技术的图像质量与 DVD 相当，适合存储。MOV 是苹果公司推出的一种视频格式，可以在网络上进行实时播放。Real Video（RA、RAM、RM），作为视频流技术的先驱，其特性在于可以在相同的播放速率下，提供更少的文件，所以适用于窄带。微软将先进的流媒体（ASF）作为一种统一的容器文件格式，其最大的优势在于它的尺寸较小，因而适用于网络传输。

（4）Authority

音频格式较为复杂，共有 10 余种，其中适用于数字图书馆的 WMA，能增加压缩速率，能在 20KB 的流量下流畅地播放声音文件，方便在线收听；MP3（MPEG layer）是目前最受欢迎的音频格式，所有的播放器都支持 MP3，加上 Lame，再加上 VBR（动态比特率）和 ABR（平均比特率）编码的音乐，音质、音色、音质纯正、空间开阔、低音清晰、细节表现良好，音质堪比 CD 的音效，而且文件体积极小；MP3 Pro 是一种改进的 MP3 编码技术，它在高比特率（250kbps）下，优于 MP3，音质更好，适合保存高质量和真音质的文档，体积小，但不能录制 48kHz 的音频，因此，使用 MP3 Pro 必须谨慎使用，而且这种格式不能保存纯粹的声音（因为纯语音一般只有 16kbps）；WAV 是一种非压缩格式，是存储高质量档案的最佳选择。

（5）矢量图形格式

矢量图文件是利用数学方法在计算机上生成、处理、显示的一种图形，是两种不同的图形存储方法。该方法能够反映对象的局部特征，是对对象进行建模。目前通常采用可更新的向量图形，即一种利用 XML 技术对二维图像进行描述的一种语言。该方法是基于 XML 的纯粹文本形式，直接继承 XML 的特点，可以简化异构系统之间的数据交换，便于访问数据库，并可以直接使用现有的 CSS、DOM 等技术。而且，W3C 是以权威标准为基础的。VML 是一种基于 XML 交换、编辑和传输的 XML 格式，它是微软公司为了向量图像在线开发出来的。SVG 是 W3C 所规定的标准，它具有稳定性和标准性，而 VML 在微软公司的大力推动下，在技术上也有很多优点。

3. 内容识别

内容识别的标准和规格主要是针对诸如数码图像之类的单一文档或集合体，例如包括多个文本、图像、音频、视频等数据对象的数据集等。通常，描述系统并没有给出特定的识别结构，仅仅给出了数字物体识别的基本原理。因此，在数字物体命名中，使用的命名系统必须公开、清晰，并遵循 IEFT/URL 系统，并尽可能地采用标准的、统一的命名系统。在一组数字资源中，有必要对多个独特的识别系统进行交互处理。

（二）数字物体说明的标准规格

元数据是数字信息系统中的一个重要组成部分，它直接影响着不同格式、不同性质的信息资源的全球共享。

由于数字图书馆的资源种类繁多，单一元数据标准无法满足对各类资源的需求，因此，对不同的资源和组织都有相应的元数据标准。在实践中，描述性元数据必须明确说明数字物体的原理和方法，以及元数据在特定的领域中的实际应用。

（三）关于数字化资源的组织和描述的标准化

在此之前，我们主要讨论了一个单一的数字物件的元资料说明。但是，根据特定的主题、资源类型、用户范围、生成过程、使用管理范围等因素，可以将数据对象组织起来，从而构成资源的实际使用。

对数字化资源的组织和描述具有一定的层次性。

第一层可以描述一组资源，从而构成一组资源的元资料。

第二层描述了资源集合的组织机理，它的组织机理可以是单一的分类，也可以是复杂的分类结构系统，比如分类法、主题词表、站点地图等，这个层次的描述也是元数据，有利于资源集合的检索和集成。

第三层描述了资源集的管理机制，如资源选择标准、资源使用政策、知识产权管理政策、隐私保护政策、资源长期保存政策以及资源的执行机制。

第四层能够描述资源建设的过程、原则、方法和相关的规范，从而制定资源建设的规范，并为资源建设提供依据。

当前标准化工作比较成熟的是对资源集合的描述，建立规范的资源集合描述元数据是大型资源建设体系的一个基本要求。美国国家数码科技图书馆就是一个例子。

NSDL 规定，所有参与 NSDL 的资源专案都应该使用 DC 来表示其自身的资料，并向 NSDL 元资料库进行公开检索。本节从 W3C、电子商务等行业的实践出发，对相关的标准进行了研究和试验。目前，资源组织流程的指导方针受到了越来越多的数字图书馆项目的关注，并逐渐扩展到资源选择、描述、组织、服务、保护和长期保护等方面的技术、政策、流程和管理问题。①文献的记录和查找；②一种逻辑结构，用以界定一个复杂的或复合的数字物体；③对存档的管理和存取的控制。

（四）DSP 业务的规范

数字资源的价值在于其为使用者提供的服务。随着网络技术的不断发展，信息服务已不再局限于当地的业务，但是由于技术上的原因和管理机制的限制，使得其在实际应用中受到很大的限制。为了保证网络上的系统服务的可用性和互用性，人们采用了标准规范来对数字资源系统进行限制。

目前，资料资讯系统的业务规格有许多，可归纳为五个层级。

1. 访问标准说明

用户访问条件的规格说明是计算机信息网络的业务范畴，如资源需求，必须支持 HTTP、HTML 在一般的浏览器中存储等。

2. 资料传送条件规格

资料传送条件规格主要是关于传送资料能否以标准的文字及格式进行包装，资料档案能否透过网络传送，传送资料档案能否由一般的网络使用者阅读。一般的文本数据都是通过 HTML、XHTML、XML 等方式进行封装，而其他的数据则可以通过 TIFF、JPEG、MPEG、WAV 等方式进行封装。事实上，目前，图书馆界正在研究以 XML 和 HTTP 为基础的元数据交换机制，如美国国会图书馆元数据编码与传送标准（METS），它是一种描述、管理性和结构元数据的编码标准。

3. 资料检索标准

目前，传统的检索方式主要采用的是基于 HTTP/HTML 的检索机制，但由于缺乏对异构系统的丰富检索能力以及分布式系统的整合检索，所以采用分布式检索和异构系统检索是目前最主要的两种方法。Z39.50 是一种用于信息检索的 ANSI/NISO 标准，它是一种以 ISO 为基础的 OSI 参考模式的应用层协议。

4. 关于数据适用情况的标准说明

资料应用状况的标准规范主要针对使用者查询结果的使用问题。但是数据的很多内容（例如 GIS 数据、计算数据、统计数据、虚拟现实数据等）都存在着固有的问题，这些都是需要软件来支撑的，比如某些浏览器的外挂，比如在打开搜索结果时，必须下载特定的插件，这就造成了很多的不便。目前，研究者们正致力于开发一种通用的用户系统，该系统的基本原则是：创建一个共享的插件注册系统，并在元数据中对所需要的系统软件和相应的链接信息进行描述，这样，用户就可以通过更新自己的浏览器，通过点击链接的方式下载相应的插件，从而实现对各种数据的阅读。W3C 等组织正在研究如何利用 XML 开源标记语言来描述这些复杂的数据，如可扩展矢量图形文件格式（SVG）、Synchronic 多媒体集成语言（SMIL）、语音合成标记（SSML）以及虚拟现实标记语言（VRML）等。

5. 分布式管理的标准规格

分布式管理是指数字图书馆在遵守统一的存取规则后，能够进行"联邦检索"。作为数字图书馆的基础，分布式管理强调了标准化的重要性，只有在全世界都遵守 TCP/IP 协议的情况下，才能实现网络连接，但目前还没有统一的数字图书馆技术规范。因此，如何进行技术标准的选择和技术标准的制定对于数字图书馆的发展具有十分重要的意义。标准的制订正在朝着互联网服务的方向发展，使用 XML 技术来描述数字化信息系统，利用登记系统实现这些描述信息的公共登记和开放搜寻，利用开放协议来支持信息系统的调用、配置和使用。该领域中的标准规范包括网络服务定义语言（WSDL）、网络服务流语言（WSFL）、统一描述、发现和集成（UDDI）等。"开放数字图书馆"的理念已在各大图书馆中根深蒂固，各大图书馆均能利用网上服务机制来隐藏其差异，便于各图书馆间的信息交流，确保资源的共享。

第三节 元数据与资源描述框架

一、元数据

（一）元数据的定义

元资料通常情况下是指有关资料或与资料相关的结构资料，即元资料，指资料所描述的资料。当前，图书馆界对元数据的界定主要有两个方面：一是注重元数据的结构化，即元数据是一种结构化的信息资源或数据；二是强调它的作用，就是要对信息资源或数据自身的特性、属性进行描述，以便于数据的沟通与共享。

元数据是由语义、句法、内容的三个层次构成。在两个元数据集合中，两个元数据的意义是一致的，因此，一个清晰的语义定义是元数据交换的基础；句法是指句的构造和规则，实际上是元数据的语法表达形式；内容标准包含了数据要素的格式标准、价值标准，以及元数据的标准化问题，如日期标准化、分类采用何种标准等。这种三层结构的设计方式确保了元数据的相互沟通与了解，从而可以将基于元数据的数据进行有效的整合，从而达到资源的共享进而提高检索的准确度和查全率。

（二）元资料的归类

1. 按职能划分

（1）描述元数据：一种用来显示和描述一个物体的元数据，比如 MARC 和都柏林中心的数据。它可以帮助使用者在搜寻资讯时，找出资讯，找出储存地点，进而确定是不是使用者所需要的资讯。

（2）结构元资料：把资源的不同部分整合在一起，形成一个完整的资讯，供程式内的资源呈现。通过图形化的形式显示统计数据，并支持在不同的资源之间进行浏览，比如翻页、跳到某个页面、某个章节、在图片和文字之间进行转换。

（3）管理元资料：描述资料制作日期、资料格式、版权资料等数码物件的管理资讯。

2. 按资源类别划分

（1）通用描述元数据：能够对各种数据进行概括性的描述，例如 MARC、DC、GILS 等。

（2）文本节件元数据：用来描述文本节件，例如 TEI。

（3）元数据：这种元数据在描述数据方面具有很强的优势。

（4）音乐元数据：SMDL（System Description Language）。

（5）图像与物件元数据：如艺术品描述类目（CDWA）、博物馆信息计算机交换标准框架（CIMI）、视觉资料核心类目（VRA Core Categories）、博物馆教育站点通行证数据字典（MESL Data Dictionary）。

（6）地理资料元数据：数字化地理元数据。

（7）档案保存元数据：EAD 档案编码描述格式、获取电子收藏的 Z39.50 文档。

3. 依结构化和复杂程度分

（1）非结构性元资料：没有采用标准设定的索引，例如由搜索引擎在网页 HTML 的标题中所设定的索引。

（2）结构较好但不太复杂的元数据：可以提供充分的资源说明。

（3）结构非常复杂的元数据：提供诸如 MARC、EAD、CIMI 等的详细资料。

二、都柏林核心元数据

都柏林核心元数据，又名都柏林核心元数据，即 DC（Dublin Core），是目前国际上应用最为广泛的元数据系统。DC 现已翻译为 20 多种语言，并在美洲、欧洲、大洋洲、亚洲成立 DC 的官方网站，网站的内容主要包括都柏林元数据的发展、最新进展、都柏林元数据中心项目的介绍和各类 DC 的会议通告。

（一）DC 的定义

但是，由于 DC 元数据集对 15 个基本要素的描述能力是有限的，因此需要对其进行定义，并对其进行规范描述。为确保其可操作性，限制子元素的定义不能更改，也不能对其进行再解释，而仅限于其自身和产业的需求。

在 DC-4 的 DC 元数据讨论会上，我们发现 DC 限定词（堪培拉限定词）有三种：模式系统、语言描述、属性类型。

随着对 DC 核心元数据的深入研究，人们对限定词的认识逐渐加深，根据有限的条件将其划分为两大类：元素精确性限定词。这样的修饰语被用来让某一要素的含义更加清楚和明确。添加了修饰语之后，这些元素的含义并未发生变化，但却更为明确。需要指出的是，如果一个分析元数据的分析器不能对某个特定的元素定义进行分析，那么它就会被忽略，从而正确地分析元数据的意义。第二类是编码模式限制，它从标准的角度来定义 DC 非限制词的数值，即由限定词提供的标准，包括控制字典、标准符号或解析规则等等。

（二）直流电源的作用

元数据是一种真正意义上的网络著录，它可以让管理者和用户从元数据中认识和识别资源，并对其进行有效的开发与管理，为实现从形式化管理向内容化管理提供了依据。

1. 描述功能

对信息对象的内容和位置进行描述是都柏林核心元数据最基本的功能，它为信息对象的存取和利用奠定了必要的基础。

2. 识别功能

DC 中有很多要素，用以识别所撷取的具体资讯，并将类似资讯来源加以区分，例如日期、类别、格式及识别码，日期可供辨识版本，而格式则可提供资料的媒介形态或大小，以便于资料诠释。

3. 资源配置

网络资源不具有实体，它能精确地指示资源的位置，它包含一个统一的资源标识符、一个数字对象标识符、一个国际标准的图书编号，从而可以确定资源的位置，并能方便地在网络中找到和查找数字对象。

4. 检索资料

DC 系统的设计初衷是为了便于对网络中的各种资源进行检索，它的 15 个要素的设定是为使用者寻找资源的一个检索点，同时也为搜索引擎中的网络机器人提供了一条信息。DC 增强了 META 标记的描述功能，使搜索引擎能够更好地理解信息：一是增强了用户的检索精度；二是扩大了检索点，为搜索引擎提供了更多的查询入口。比如百度，提供了九个搜索条目，分别是页、资讯、贴吧、视频、图片、文库、知道、地图、采购，用户可以按照搜索词的范围进行搜索，并且在每一个搜索项下面都有更细致的分类，从而使搜索的范围逐渐缩小，进而大大提高了搜索的效率。

5. 替代资源

因为 DC 详细地描述了资源的对象，尤其是"描述"元素在资源中的简单介绍，可以在某些方面取代原始信息，满足了一些不需要原始信息，只收集了有关信息使用者的需求，用户可以根据信息做出相应的选择。

6. 评估资源

DC 提供了资源对象的名称、内容、年代、格式、制作者等基础资料，使用者无须通过浏览资源，就可以对该资源对象有一个初步的了解与认知，并参照相关的标准，可以对其进行必要的访问与使用。

总的来说，都柏林元数据中心因其简洁的要素描述和可扩充性而被业内所公认，并逐步形成了一个标准。DC 在今后的发展过程中，要面临的问题是怎样更精确地描述资源，怎样和搜索引擎相结合，DC 要想发展，就需要被更多的产业认同，才能有更大的发展空间。

（三）DC 和 MARC 元数据的映射

现在，由于 DC 数据的详细描述，DC 元素可以与若干 MARC 域相对应，比如"合作者或其他创造者"元素可以包含人名、机构名称或会议名称，而一些 DC 元素在现有 MARC 中不一定能找到，这意味着 DC 在某种程度上要超过 MARC，但是这并不能改变 MARC 中很多有用的信息。DC 在类型（域）的定义和设定方面与其他 MARC 不同，但是其基本内容是相同的，并且能够互相转化，有学者总结了不含限定词的 DC 与 MARC 对照的基本情况。

三、资源描述框架（RDF）

数字图书馆中可以利用的元数据种类与格式很多，解决不同元数据互操作问题的一个有效方法就是建立一个标准的资源描述框架。资源描述框架（Resource Description Framework，简称 RDF）是 XML 的一项最重要的应用，对于数字图书馆的开发具有重大意义。RDF 使得数字图书馆具备了更好的检索能力，并在网络导航方面扮演了重要角色；RDF 能够描述内容和信息的关系，能够对数字图书馆进行描述，便于信息的分享和交流；RDF 也可以把内容按照不适合儿童和隐私权等分类，可以把具有逻辑格式的独立概念的文件作为网络页面集合，并且能够解释网页的知识产权。这为数字图书馆的管理、维护、使用提供了便利，尤其是在网络环境下的知识产权保护具有重要的意义。

为了更好地解释 RDF 的理论，我们必须从元数据、DC、RDF 和 XML 不可分离的关系入手。如何有效地运用数字资源，有效地组织各类数字资源，使之更好地为广大读者服务，是数字图书馆信息化建设的关键。

（一）界定

RDF 是一种利用 XML 语言表达的简化单元数据，用于描述网络资源的特征和资源的关系。RDF 的主要目标是为不同的应用系统提供元数据的底层架构，实现不同的元数据在不同的网络中进行交互，从而实现对网络资源的自动处理。

（二）组织结构

RDF 的组织结构有多种说法，三元组结构是对其最科学的描述。还有一种说法是：资源（resource）、属性（properties）、属性值（properties values），实际上，这两种说法是一致的。

（三）特点

1. 易于控制

RDF 使用简单易懂的资源、属性、属性值三元组模式，容易操作。如果元数据的语法过于复杂，那么元数据的利用率就会大幅下降，元数据的描述也就不能被接受。

2. 扩展性、开放性

当 RDF 用于资源描述时，将词汇表和资源说明分离，因此可以方便地进行扩充。RDF 能够让人们自己定义自己的词汇集合，能够利用大量的词汇进行无缝的描述，能够满足各种资源的需求，具有很好的通用性。RDF 开放的一个最大特点是，可以在 RDF 模式规范之内，按照使用者自己的需求，自由地选取元数据集合，并自定义扩充集合。

3. 数据分享的方便

RDF 采用 XML 的语法，可以方便地进行网络上的数据交换。此外，在资源描述框架中，定义了一个术语集合，它可以在不同的词汇集合中，通过确定元数据的命名空间，在语义理解层面上进行数据的交流，实现信息的共享。

4. 便于对资源进行多层描述

在 RDF 中，资源的属性是资源，而属性值是指资源，而 RDF 则是指资源。这就像是电脑科学中提倡的，有总类和子类，每个子类都有自己的特征，所以可以很轻松地将不同的描述组合在一起，以达到知识的增长。

四、元数据、XML、RDF 之间的关系

各种元数据的内在差异使得不同的元数据标准无法相互兼容，而那些遵循一定的标准规范的元数据则无法被其他规范所接受，从而对元数据的开发产生了负面的影响。因此，W3C 推出 XML，该系统提供了与供应商无关的、用户提供可扩展的、可用于验证的标识语言，也就是提出一种用于描述网络资源的语法规范。W3C 随后推出了一套元数据规范 RDF，旨在为不同类型的元数据在不同的网络环境中进行交互和处理，从而为不同类型的元数据提供基本的支持。将 XML 看作是元数据的一种规范化的语法规范，则 RDF 是元数据的一种规范化的语义描述。因此，XML 定义了 RDF 的表达式，它是 RDF 的载体，便于 RDF 的数据交换；与此同时，RDF 只是为资源定义了一个描述资源的框架，并没有定义那些元数据被用来描述，相反，它让每个人都可以定义元数据来描述资源。因为有多项资源属性，所以在描述书籍时，常常需要描述作者、书名、出版日期等，

通常用元数据集合来描述。RDF 中所使用的大多数资源都是 RDF 中的词汇库，也是一个可以通过资源定位器进行唯一识别的资源。所以，当 RDF 对资源进行描述时，可以用多种不同的词汇进行集合，并且仅需要指定一个统一的资源标识。不同词汇的集合运用的领域也不尽相同，有些词语的集合仅仅是指人们所说的，有些则是相对科学、通俗易懂，因而为人们所接受。而都柏林中心词的集合，是以一种类似于图书馆卡片目录的形式来定义的，由于它具有很强的科学性，已经被越来越多的资源描述工具所采用，所以 RDF 通常将都柏林的核心词集合用于描述。

◆第七章◆
数字图书馆信息资源的整合

第一节　图书馆数字资源整合

一、数字资源整合的概念

数字资源整合的概念界定在学术界还颇具争议，不同的学者有不同的视角，所以对数字资源整合的理解和倾向上也是各有不同，在综合了许多学者数字资源整合的概念界定之后，有学者对数字资源整合的概念做出了如下界定：自然界存在的分散的、自主的、结构各有不同的、形式各异的、不同领域的数字资源（包括文本信息资源、多媒体信息资源等），运用科学合理的方式方法，将这些数字资源进行组织进程，形成有体系结构的、一体化的、完善的数字资源体系，建立为用户提供全方位、一体化、现代化服务平台，让用户可以方便快捷地搜索到其所需的数字信息资源，并满足用户的各种个性化服务，并改善和优化图书馆信息资源管理的过程就是数字资源整合。值得注意的是，数字资源整合并不是简单信息资源的累加，而是有序排列；数字资源整合并不改变数字信息原有形态，它只是提供了一个更加方便快捷的数字资源服务平台；整合前的数字资源信息仍然是独立的，可供人们检索和使用。

二、数字资源整合建模思路

数字资源整合模式是对图书馆资源的充分利用和深层次的挖掘，使其能够全面发挥数字资源的优势，并得到充分利用，体现其价值。信息化时代的图书馆在进行信息化管理的过程中，引进大量的电子设备，海量的数字信息被图书馆信息资源库收录，冲击了传统以纸质为载体的文献信息资源，使得图书馆资源结构发生了巨大的改变。由于网络时代的到来，人们越来越喜欢网络这种足不出户可晓天下事的收集信息方式，图书馆也有责任为用户提供数字信息资源，满足用户需求。同时，也要寻求其他的服务项目，拓展图书馆的服务渠道，给图书馆的发展创造新的思路。

数字资源整合模式构建的主要目的是为用户服务，为用户营造出一个网络图书馆，让用户可以通过网络远程访问图书馆资源，打造一个数字资源丰富、全面，用户可以放心使用的知识平台。数字资源整合模式实现的方式主要有对网络资源以及本馆资源进行深度挖掘、逻辑关联、标引排序，使用户获取信息更加方便、全面、有序。通过对图书馆的资源进行整合，使数字资源有关联性、一体化、结构化地聚合在一起，彻底解决信息孤岛问题。

三、构建数字资源整合模式须解决的问题

（一）突破管理体制的制约

构建数字资源整合模式是图书馆提高用户服务质量的需要，图书馆在现有的资源条件和信息需求的背景下，进行数字资源整合需要考虑多方面问题。信息科技的不断发展，用户的需求也开始变得复杂化、多样化，为用户提供个性化服务是图书馆的职责所在。然而，一个图书馆的资源是有限的，人力是有限的，资金也是有限的，所以图书馆收集信息的数量也就受到了制约，图书馆馆藏不可能涉及所有领域，满足所有人的需求。另一方面，一个人的需求也只是一个方面，不可能涉及图书馆的全部信息资源，所以除所需资料外，那些资源信息对此人来说都是多余的，甚至是影响其查找资料文件的障碍。所以，需要一个可以统筹管理各种资料，合理分配利用各种资源，科学规划图书馆信息，使图书馆各部门或工作小组能够有效沟通，分享资源，形成友好合作机制，以实现资源最大化利用为目的，进行数字资源整合的组织或部门。

我国图书馆具有数字资源整合的天然优势，他们不仅有深厚的文化底蕴，还有大量的掌握先进技术的科技型人才，还有经验丰富、学识不凡的专家教授，所以将公共图书馆作为数字资源整合的主体机构具有很大便利。当然，数字资源整

合不是公共图书馆自己的事，而需要很多机构的共同努力，各机构的有序协调合作，才是实现数字资源整合的基础条件。

当前，图书馆自主管理、各自为政，馆与馆之间缺乏沟通，形成封闭管理运作的情况，这也是图书馆管理的普遍现象。此现象导致信息资源建设程度不一、重点不同、内容重复交叉或遗漏，最终造成各种资源的浪费，又成为不同部门、不同机构之间的交流发展、协调合作的障碍，使整体的资源整合环境处于混乱、无序的状态中。近年来，有关部门通过行政手段干预，促使信息资源整合活动开展，但是大都是被动的接受，很多具有丰富馆藏、拥有大量人才、掌握先进技术、获得大量资金支持的图书馆不愿与相对落后的小型图书馆合作。因此，突破各自为政、缺乏合作交流的管理体制，建立一套运行机制是建立有效的数字资源整合模式亟待解决的关键问题之一。

（二）明确资源整合范畴

在法制社会，人们要尊重知识产权，在数字资源整合中要格外注意知识产权问题，明确资源整合范畴和类型。也就是说，图书馆要明确规范出哪些资源是可以整合的，哪些是需要协商一致得到共识的，这些也是尊重知识、维护知识产权的做法，同时也避免了侵害知识产权而引起不必要的纠纷。另一方面，图书馆要确定哪些资源类型是可以通过有效配置就可以整合的，哪些是需要特殊的技术支持才能被整合的，图书馆要区分不同类型资源整合的难易程度，而且对于本身馆藏资源与馆外免费数字资源是否都能够被整合，如果出现预想不到的问题，需要如何处理等，都是数字资源整合时需要考虑的，实际也有可能发生的问题。除此之外，对于一些小众的、边缘性的学科和那些具有复杂的交叉内容学科进行整合时，是否需要有关部门出具一套统一规范，明确这类资源归属等相关问题，都需要制定明确的实施标准。

（三）突破技术水平的制约

科技发展是人类进步的基础条件，数字资源整合模式构建需要科学技术的支持。数字资源整合模式是基于数字资源，数字资源离不开计算机技术、网络技术、信息安全等技术的支持，同样重要的还有信息资源系统的信息索引技术等。

数字资源整合是为满足用户需求而提出的一项活动，网络平台建设是数字资源整合需要完成的内容之一。但就当前的发展状态来看，各地区、各图书馆对科技掌握程度不同，科技发展水平不均衡，技术倾斜程度不同，使数字资源整合在整体发展上受到了制约。同时随着用户需求的不断多样化，为用户提供个性化服务成为数字资源整合过程中的一道难题。要想解决这一系列的问题，需要科学技术的支持。

另一方面，数字资源整合理论体系不够完善，甚至可以说是匮乏，使得整合实践缺乏理论指导，整合实践无法确立明确的目标，没有形成统一的规则标准。我国对于数字资源整合技术的研究还并不深入，也无法形成完善的理论体系。当前，只有非常少数的公共图书馆实现了部分数字资源的整合，可以为用户提供统一检索平台，整合各学科、各领域的信息资源，为用户提供完整的、系统的知识服务。但是，这部分公共图书馆使用的技术也大都依赖于国外的技术成果。而其他公共图书馆则没有高质量的信息服务平台，通常这些信息服务平台提供的数字资源信息不够具体、没有完善的体系结构，分类不够精细化、信息索引功能效率低下，在信息系统维护方面也表现得十分无力，出现这些问题的根本原因就是技术条件的制约。

（四）确定数字资源整合模式建设人员

数字资源整合需要有管理能力的统筹管理人员，需要有沟通能力的协调人员，需要有具备计算机技术和网络技术的技术人员，需要有丰富知识背景的专家学者的具体资源整合人员等。参与数字资源整合的每一个人都要各有所长，在自己的领域中较有建树，且对数字资源整合其他方面也要有所了解，只有这样的人才组成的建设队伍才能保障数字资源整合工作的顺利完成，并有能力完善其后续工作。基于对数字资源整合队伍建设的严格要求，图书馆在选拔人才时应该做到以下几点：第一，确定整合队伍的选拔标准，考察人员的整体素质和专业擅长领域，被选拔的人员要能够胜任数字资源整合的工作要求；第二，确定每个人的工作职能与责任，确保数字资源整合过程中人尽其责、物尽其用；第三，建立一个统一管理机构，管控各部分人员的工作，保障其协调顺畅地进行；第四，对整合队伍中的人员将进行相关知识和技术的培训，为所有员工提供各种数字资源整合的基本技能和工具；第五，设置适当的评价标准和奖惩机制，充分了解每位员工的工作能力，确保数字资源整合工作的顺利进行；第六，各部门要设置专职管理职位，负责对整合过程进行总体协调和质量控制。

第二节　现代图书馆网络信息资源整合

一、网络信息资源的内涵

（一）网络信息资源的概念

网络信息资源包括来自互联网和物联网的所有信息，这是一个非常庞大的信息系统，既包括对人们的学习生活有积极作用的信息，又包括会对人们的心理健康带来不利影响的消极信息。对于网络信息资源本身来说，是一个十分抽象的概念，至今各国学者都没有能够给它下一个明确的定义，但有一点是得到世界公认的，即网络信息资源是可以被采集、整合、分析、利用的，并且随着社会的不断发展，信息资源的容量变得越来越庞大、内容变得越来越丰富，这对人类来说无疑是一笔巨大的财富。

（二）网络信息资源的分类

网络信息资源庞大而丰富，因此对它进行分类处理是十分必要的。根据不同的分类原则，网络信息资源可以被分为多个不同的类型。

第一，根据网络信息资源对人们起到的作用类型，可以被分为消极网络信息资源和积极网络信息资源。例如，某款具有伤害性的真人游戏，通过在网上寻找"猎物"，使众多青少年由于自我意识不强等原因成为被害者，给众多家庭带去了无尽的痛苦。这种网络传播的信息不仅没有得到及时遏制，还通过网络广泛传播，这种信息就属于消极网络信息资源。而有一些个人和组织针对这种情况，积极推送了多种形式的阻止青少年参与其中的网络信息，这种信息就是积极网络信息资源。

第二，按照网络信息资源的来源不同，可以分为作者个人上传的网络信息资源和他人代作者上传的网络信息资源。一般情况下，网络信息资源都是由信息持有者亲自上传至网络的，但有时由于信息持有者不方便或者因为技术等原因，无法由自身完成信息的网络化过程，需要由他人代为进行。

第三，按照网络信息资源的读取形式进行划分，可以将其分为文本类网络信息资源、视频类网络信息资源、音频类网络信息资源、图片类网络信息资源等。所谓文本类网络信息资源是指以文字的形式体现出来的信息资源，如网络小说、博客等；视频类网络信息资源，顾名思义就是以视频形式被用户读取的资源，包括各种体育赛事的网络直播或转播、电视剧和电影的在线播放、网络直播。

第四，按照网络信息资源的时效性不同，可以将其分为新闻、报纸类网络信息资源，期刊类网络信息资源，图书类网络信息资源等。网络是一个信息高速广泛传播的平台，相较于纸质报纸和电视新闻，网络有更广泛的受众，且比电视和报纸具有更好的时效性，如新闻可以进行时时更新等。网络图书期刊和纸质图书与期刊相比，具有方便快捷的特点，便于人们随时取用，因此更受到人们的广泛欢迎。

第五，根据网络信息资源的获取方式不同，可以将其分为免费类网络信息资源和付费类网络信息资源。如果有些网络信息资源的形成没有成本或者成本较低，或出于其他目的，信息持有者会选择免费将这类信息提供给需要的人；而如果信息持有者通过比较大的代价才获取了信息资源，那么通常要向受众收取一定的费用方可提供资源，例如现在腾讯、优酷、爱奇艺等视频网站都有会员制度，将一部分稀缺的网络信息资源只提供给付费会员。

第六，按照网络信息资源的合法性来划分，可以将其分为合法网络信息资源和非法网络信息资源等。信息持有者出于不同的目的将信息上传至网络，网络上的绝大部分信息都是合法、积极向上的，但是有些人很可能因为利益，将一些明显违反法律规定的信息发布到网络上，并被大范围地转发，造成十分不好的影响。例如，有些人上传淫秽视频博取点击量或者对观看人员进行收费获得非法利润，再如，一些人非法收集个人信息并在网络上大肆贩卖等，这些都属于非法网络信息资源。

第七，按照网络信息资源的存取方式不同，可以将其分为 E-mail（邮件）

类网络信息资源、图书馆类网络信息资源等。如今，每个人都至少拥有一个 E-mail 邮箱，通过这个邮箱接收来自不同人发来的邮件，这个邮件就是 E-mail 类网络信息资源。本科生、硕士研究生、博士研究生在毕业前都要撰写毕业论文，写论文是必须参考一定资料的，他们必然会用到学校的校园图书馆网络查询资料、文献等，这些信息就是图书馆类网络信息资源。

（三）网络信息资源的特点

不同于现代图书馆，网络拥有非常巨大的存储空间，它可以容纳的信息是无法计算出来的，这就决定了网络信息资源信息量大、内容丰富、种类繁多等特点，另外还具有不受时间、空间的限制，易于所有网络用户的存储与取用等特点，为人们的生活和学习提供极大的便利。因此说，网络信息资源具有不可替代的经济价值和社会价值。

二、网络信息资源整合的含义

对于很多新兴行业，其含义都是不统一的，但其多样性同样反映出人们对这个新兴行业的重视以及研究热情。对于网络信息资源整合同样如此，众多的研究学者在对此探究的同时，从不同的角度，不同的方向对它进行了界定。其中有些偏重于组织结构，有些偏重知识体系的整体价值，而有些只是偏重于实行网络信息资源整合所使用的技术与方法。站在巨人的肩膀上，这里也试着对网络信息资源整合给出以下界定：网络信息资源整合就是通过先进的网络信息索引、信息搜集等技术手段，将分散于网络的、形式不同的、多样化的信息资源进行收集、分析、筛选、标引、存储等处理方式加工成可供用户在网络平台中，通过一些索引手段收集到的有组织结构的、有序的、全面的网络信息资源。

从以上网络信息资源整合的界定可以看出，网络信息资源整合是依据一定的规则标准与知识需求，对网络信息资源实施的优化与重组的过程。网络信息资源整合的对象包括信息资源内容、结构、组织关系等，网络信息资源整合实际上是通过分类、融合等方式对信息资源的再创造，使之成为新的、高效的有机整体。网络信息资源整合程度的高低决定着用户使用价值。

三、现代图书馆网络信息资源整合的必要性

（一）信息组织的动态性、多模式要求

信息技术的进步与广泛应用带来的是种类繁多、数量庞大的数字化信息。以往信息资源大部分都是文本信息，而现在网络上充斥着大量的图像、图形、音频、视频等非文本信息，过去主要适用于文本信息的处理方式，早已跟不上时代的发展。非结构化信息没有文本信息的格式化与规范化等特点，要想实现人们对信息的需求，对非结构化信息的有效检索，以及建立规模适中的非文本信息数据库，降低成本等问题，成为传统的组织方式面临的难题。

（二）信息组织的自动化要求

现代化、自动化的生产方式得以普及的主要原因是解放了劳动力，人们大量烦琐的工作由机器代替。传统的信息组织方式在庞大的网络信息资源面前就显得十分无力，并且人工处理方式也满足不了网络信息的原始性、完整性与时效性的要求。所以，信息组织的自动化要求图书馆网络信息资源整合，网络信息资源整合是信息组织的自动化的必然要求。

（三）信息组织的透明化、易用性要求

在网络迅速发展的背景下，网络已成为人们信息主要来源之一。现代的网络资源需求者不再局限于少部分研究人员或科技工作者，更多的是涉及不同领域、不同知识层级、不同年龄阶段的社会大众。用户结构的复杂性，反映出的一个问题就是多数用户不具备必要的信息检索能力，为适应复杂多变的用户环境，满足普通用户信息检索需要，实现网络资源共享，就必须将网络信息资源进行有效整合，将网络信息变成用户可以便捷、迅速获取的信息。

（四）信息组织的精确性要求

网络信息资源的产出速度使其无法形成一个完善的体系结构，而且社会的不断进步导致各领域的相关信息不断地更新换代，且时间速度不一，同时信息也出

现了大量的重复、错漏、冗余泛滥、真假并存等现象，导致网络信息资源系统化、程序化程度低。虽然网络上出现了诸如百度、搜狗、360 等一批高效搜索引擎，但这些都无法彻底解决信息精确度不高的问题，还是需要网络信息资源的整合来改善以上现象。

（五）信息组织的标准化、兼容性要求

网络是一个拥有无数节点，且没有组织领导的分散式网状结构，这样网状结构特点是网络信息资源形成混乱、无序、真假共存的主要原因。信息网络是存储、分析和加工网络信息资源的协作系统。系统之间的交流和网络资源充分利用了各方面的整体协调，因此网络化的前提条件是在信息组织和加工等方面采用一系列标准，实现数据格式、描述语言、索引语言标准化等。

四、图书馆整合网络信息资源的有效策略

（一）明确网络信息资源整合的目标

在实施任何活动之前，明确的目标是必不可少的，目标是活动的指引，是成功的前提。网络信息资源整合方面，明确的目标是网络信息资源整合的指南针，指导着正确整合网络信息的发展方向。立足于整体，把控全局，对网络信息资源进行有效管理。制定适应全国的，对网络信息布局、发展内容、研究利用、创建原则等设立统一标准和合理规划，在信息创造的源头就有效控制其有序性与合理性，确保网络信息资源整合的顺利进行。网络信息资源整合单单只靠标准的约束是不够的，相关单位，政府机关要发挥政策的引导作用，为网络信息资源整合提供政策保障，使信息整合真正落到实处，造福社会。

网络信息资源整合的目标：首先，整合信息类别齐全、设立信息存储多样化、多结构化数据库，建立供用户使用的高效网络信息服务平台；其次，建立一套完善的、整体的、合理的、有效的信息检索体系，最好具体到每个步骤、每个环节，做到信息资源的充分开发和利用；再次，在信息资源整合过程中，保证信息质量，过滤掉冗余、虚假、无价值的信息，将搜集的信息进行分类、重组、标引，建立统一信息质量标准；最后，开放网络资源服务平台，营造网络信息健康

传播环境，实现网络信息的全面共享。

（二）优化网络信息资源数据库及应用系统

网络作为网络信息资源的载体，其开放性，与无限共享等特点使类型多样、结构不一、内容重复、资源冗余、信息错漏的信息资源大量存在，相对的原创网络信息资源却十分匮乏，并分散到互联网的各个角落，且呈现出分布不均衡的现象。结构化、半结构和非结构化网络信息资源是网络信息整合的对象，处理好这部分的信息资源，可以顺利解决网络信息错漏、冗余、不规范等问题。非文本信息处理起来相对复杂，现在人们常用的处理方式有：第一，中间代理，即搜索引擎接收用户请求后，充当媒介，查找定位用户所需信息，并返回给客户的方式处理；第二，建立映射，建立资源概念数据库，建立映射规则关系用于资源概念数据库与实际资源数据库。

（三）拓宽图书馆资金来源渠道

每一项工作的顺利推进都离不开资金的支持，资金是保障工作顺利进行的物质基础。现代图书馆的网络信息资源整合，涉及人力（工作执行主体）；技术物力（网络设备、电子设备投入）；信息技术（如网络技术、信息索引技术、智能化技术等）等各个方面，尤其是信息技术方面耗资巨大，但却不可缺少。作为公益服务型机构，其主要的资金来源是国家及地方的财政拨款。虽然国家大力支持图书馆信息管理改革，但其资金投入必然有限，在大量的资金需求下，图书馆要积极拓展资金来源，拓宽资金渠道，减少对国家拨款的依赖。图书馆有类型不同、种类齐全、涵盖广泛的信息数据库，因此要尽可能地做到资金来源多元化，图书馆网络信息资源整合做到有章、有法、有重点的整合建设，明确各项工作的优先级别，分批次、分步骤地做好网络信息资源的整合，使图书馆信息化管理成为现实。

（四）加强图书馆网络信息资源整合队伍建设

不论是明确整合目标、优化信息资源，还是争取大量资金与技术支持等活动都离不开人的参与，人才是网络信息资源整合的主体。图书馆要重视人才的招募与培养，加强图书馆信息管理队伍建设，建立起一支可以担任起网络信息资源整合重任的队伍。网络信息资源整合涉及的能力范围广泛，包括专业的图书管理专业知识、信息资源收集能力、计算机信息技术等。所以，网络信息资源整合队伍必须是一支高素质的具备数据分析与资源研究能力的，又有全方位知识结构的高能力队伍。只有这样的一支队伍，才能满足用户个性化需求，为用户提供高效服务，帮助用户掌握网络资源组织结构信息与特点，保障网络信息资源的整合的有效顺利进行，切实推动图书馆网络信息资源整合建设实施。

第三节　现代图书馆知识资源的整合

一、知识资源整合概述

（一）知识资源整合的含义

知识资源整合就是指将零散的、无系统的知识运用一定的科学方法，重新整理构建成一套完整的知识体系。从整体的角度而言，知识整合就是将来自不同渠道、不同领域、不同内容、不同的知识结构，以及不同学术层次的分散的、单一的知识资源，遵照统一的原则，依据一定明确的目的分析加工，重新构建出一个系统的、有序的，并能够发挥整体性能的知识结构。我们不能把知识资源整合简单地理解成对不同知识的简单叠加，知识资源整合是对知识的再创造，使知识资源的效用最大化。知识资源整合是图书馆信息管理工作的前提，只有在知识资源合理整合的基础上，才能顺利实施图书馆的管理工作。

（二）知识资源整合的内容

可持续发展的观点适用于其他领域，同样适用于知识资源整合。知识在不断地发展，新的知识不断地出现，旧的知识不断地被总结、凝练或被新的知识所替代，所以在进行知识资源整合时，不仅要将现有知识资源进行整合，还要分析挖掘各领域发展可能带来的潜在知识资源与隐性知识资源。实施知识资源整合，不能仅仅局限当前知识体系，还要着眼于未来社会的发展给知识体系带来的挑战，为潜在的知识留有整合的空间。在知识管理的角度，图书馆的知识资源主要是指由人力资源、读者资源、组织资源三部分组成隐性的智力资源。其中，人力资源主要是指图书信息管理工作者、读者服务人员等为了更好地工作和为读者提供高效服务所需要的知识储备和能力。读者资源主要有三个属性：其一，读者的深度，即读者的渗透程度；其二，读者的广度，即读者的来源，读者的覆盖面；其三，读者的忠诚度，顾名思义，就是读者对图书馆的依赖程度。组织资源就是图书馆所具有满足读者需要的能力。

知识整合主要整合的对象是知识资源，其主要作用体现在两个方面：其一，对知识资源功能的整合，即把各部分知识的功能经过科学的处理组合成新的，具有整体性能的新功能体系；其二，对知识资源效用的整合，即各部分知识的效用依照一定的需求或目的，结合成为一种新的效用。知识资源整合是使分散的、各有不同的知识结合在一起，形成一个新的知识体系，产生系统性质的活动。图书馆知识资源整合属于图书馆管理的一大门类，其最终的目的是提升图书馆的知识管理水平，增强图书馆的服务能力。因而，在图书馆管理工作中，必须将知识管理作为一个重要方面常抓不懈。知识是图书管理的核心要素，在建立知识资源整合机制时，必然要认清知识所处的重要地位与核心作用，坚持知识主体位置不动摇。身处知识经济时代，知识的重要性不言而喻，一个人很难成为全才，但是博览群书对于人的长远、持续发展则永远不会过时。因此，我们必须树立知识整合意识，通过知识整合推动现代图书馆的可持续发展，并且在这个过程中实现个人的长足进步。

二、知识资源整合是图书馆可持续发展的需要

（一）外部机构竞争和用户需求变化促使图书馆知识整合

知识经济时代，知识就是社会发展、科技进步的基石。为了能够适应时代潮流，顺应时代发展以及人们对知识的需求与渴望，在这样的背景下，许许多多的知识型信息服务机构应运而生。新的知识平台的诞生，使知识服务有了新的发展契机。新兴的知识信息服务平台的知识存量庞大，涵盖知识面丰富，且大都依附

于网络技术，以网络服务平台的方式展现在世人面前，所以它也具有用户使用无地域、时间限制的优势，这是传统图书馆不具备的，也是无法比拟的优势。在信息化发展趋势下，海量知识信息与大量知识服务平台的产生，用户可以方便地获取知识信息，而不再像以往那样需要专业的知识体系，才能找到自己所需的知识资源，且丰富的知识获取渠道也威胁着图书馆知识中介的地位，使图书馆的发展遇到了危机。要想让图书馆可持续发展，成为人们生活工作的助力，就必须对图书馆信息管理进行改革，而首要任务是依托于计算机信息技术对图书馆进行知识整合。使图书馆知识服务平台提供的知识可有效地为大众所用，让图书馆真正起到知识中介的作用。

（二）知识服务是图书馆创新发展的新生长点

在日益艰难的生存环境中，图书馆要想有良性的可持续发展，就需要改变传统的发展理念与管理模式，将知识信息服务发展成图书馆的主要工作内容，只有顺应了广大用户的需求，被用户所需要才会有生存发展的空间。知识整合恰恰是发展知识信息服务的必要前提，知识整合可以针对用户的普遍需求，通过图书管理人员的知识体系，结合各方面需求对知识资源进行整合与再创造。图书馆的天然优势在于对网络知识资源、自身馆藏资源、档案管理部门，甚至是一些研究机构的知识信息都有获取的能力。广泛的信息资源更好地完成知识整合，使知识体系更加完善，为用户提供专业化、个性化、精确化的知识服务平台缔造条件。

三、图书馆知识整合策略

知识是图书馆立足的根基，更是图书馆管理的核心内容。曾有学者认为，管理是对单位机构内外部可利用资源的有效整合。以这一观点来讲，知识整合真是有效促进图书馆知识管理的有效手段，所以图书馆要实现管理的现代化、个性化、信息化，就离不开知识整合，知识整合是推进图书馆可持续发展的助推剂。施行图书馆知识整合可从以下几方面入手。

（一）通过知识分类来整合图书馆知识

分类是人们认识世界的主要方式之一，分类可以使事物客观、清晰、有条理地展现在人们面前。对于数量庞大的图书资源信息，分类是知识资源整合的有效方法。对于知识的分类方式多种多样，如按照知识应用的领域，可划分为专业知识和通用知识；按使用角度，可划分有原理类、分析论证类、指引教导类等多种类别。

将图书馆知识进行分类就是将知识清晰、有序、合理地整理。知识在精细化划分后，就可以在此基础上对知识进行梳理、分析、归纳，最终达到知识整合的目的。整合后的知识会成为一个完善的知识体系，从而达到用户知其然，更知其所以然的目的。通过知识整合对图书馆资源进行优化管理的同时，提高其使用价值，增加效益。

（二）通过知识转移来整合图书馆知识

知识是社会发展积累的、人类各项活动沉淀的、在集体生存发展中创造的。工作、生活、学习等活动在使用知识的同时，也创造着知识，但种种活动方式都离不开集体，所以可以说知识是集体的、是由集体所共享的。图书馆知识转移的主要对象是图书馆单位集体内的工作团体在完成某项工作过程中，所学到的并了解其本质的知识。

完成图书馆知识转移要明确影响其转移成功与否的三个要素。第一，预期的知识接受者。图书馆提供的知识服务，不论馆内工作人员，还是馆外用户，最终都要服务于人，而这个被服务的人群就是预期的知识接受者。第二，任务性质。关于任务性质要考虑到它是经常反复发生的，还是偶尔执行的；执行任务是实用的方式或执行过程是相同的还是不同的。第三，知识类型。被转移的知识分为隐含知识和明晰知识两种。图书馆知识转移的过程是由某一图书馆工作团队执行一项任务并得出相应结果，团队建立行动和产出的联系，尔后得到共有知识，再通过选择合适的知识转移系统，转化成其他人能利用的形式，再转移给接受知识的团队，团队可根据自身需要改良知识，以便自己利用，这样接受知识的团队又变成了一开始的任务执行团队，也就是知识提供团队。由此，可把图书馆知识转移分为以下几种。

1. 连续转移

连续转移是指一个工作团体在一个工作前提下完成某项图书馆任务时所获得

的知识，在这个工作团体在另一个工作前提下完成相同性质的工作任务时使用到了。即工作团队在不同的工作背景下完成相同性质的任务，同时在上一个工作获得的知识被转移到下一个工作中，被转移的知识是隐含知识和明确、清晰的知识。同样我们可以看出在连续转移中，知识的提供者也是知识的接受者。例如，某一工作小组带领着下辖工作小组用一种工作方式完成了一项任务，又在带领其他下辖工作小组完成相同任务时，同样使用了这种工作方式。

2. 近转移

近转移是指在一项长期执行，且需要重复的工作中，工作执行团队获得的明晰知识被另一个工作团队执行类型工作中所使用。即在相似的工作条件下，知识提供者将其工作所得明晰知识转移给知识接受者，并为其使用。近转移知识的工作性质是经常性和常规性的。

3. 远转移

远转移是指一个工作团队从事某一任务时获得的隐含知识，被另一个工作团队获取。即知识接受者在与知识提供者不同的背景下执行相同或相似的任务，而接受知识提供者的明晰知识。远转移的工作性质是经常性和非常规性的。例如，两个隶属不同部门的工作团队，合作执行同一个任务期间，其中一个团队获得的隐含知识被另一个团队所使用。

4. 战略转移

战略转移是一种集体转移，是未完成图书馆某项重要战略任务的图书馆的集体知识转移。即知识接受者在与知识提供者不同的任务背景下，完成的一项非常规的、对图书馆意义重大的战略任务。

5. 专家转移

专家转移即是在图书馆某一工作小组在执行某项任务时，遇到了依据自身知识无法解决的难题，主动需求他人帮助的知识转移。这里知识的提供者和知识接受者执行的任务不同，但会有相似的背景，任务是常规但很少发生的。例如，某一图书馆提升优化信息检索效率，向某信息研究小组发出求助信息，并得到反馈，进而解决信息检索优化问题。

（三）通过业务流程来整合图书馆知识

图书馆的业务流程通常是指从各种信息资源的收集开始，围绕用户知识需求为根本出发点，到图书实施管理并为用户提供所需书籍资料或知识服务等一系列的活动。知识整合就是知识管理，将知识管理与图书馆实际运作流程相结合，在提供知识服务过程中，了解用户需求，更好地为知识整合奠定基础，精细化、完善的知识整合是为用户提供知识服务的基础保障。知识整合不仅能够提升图书馆的管理效率，更可以节约成本，避免重复冗余的知识资源。图书馆业务流程知识，可将知识划分为：其一，基础常识，即人都应了解并掌握的知识，是最基本的也是数量做到的知识类别；其二，常规操作技巧，即为完成常规工作应具备的具体操作以及相应的工作技巧；其三，业务经验，顾名思义，业务经验就是经长期工作而总结出来的隐性知识。前两种业务流程知识类别是可以标准化、规范化的知识，是可以被清楚表述并学习的。而业务经验这需要通过不断积累总结才能沉淀为知识，是知识提供者的隐性知识。

图书馆业务流程是否合理，直接影响着图书馆业务效率，是图书馆管理的实现手段。图书馆的发展需要推进优化业务流程工作，加强知识资源的整合。在图书馆业务流程视角下，可以将图书馆的知识整合分为横向整合和纵向整合两种方式。

所谓的纵向整合重组就更加复杂，它是有业务流程的每个步骤垂直的整合，同时需要考虑每个步骤的所有影响因素，整体考虑流程知识体系，实行多方面的整合。

横向整合主要是指对相同或相近的业务流程的知识进行横向的分析研究、沟通整合。横向整合同样有两种方式：一种是图书馆内部的横向重组，是图书馆知识整合的主要对象；另一种是图书馆外部，即多个图书馆机构之间的相互交流与合作。通过横向整合的方式提高图书馆局部的业务能力，从局部的成长促进整体的发展。现阶段，一般的大型图书馆内部同一业务工作内容需要两个以上的工作小组，这就需要横向的整合，去有效处理两个工作组的沟通问题，取长补短、避免资源浪费。

第八章
图书馆特色数字信息资源建设与服务
保障体系的构建

第一节　数字信息资源建设与服务的政策保障体系

随着社会信息化进程的加快，信息化已经被纳入国家整体发展战略。政府对信息活动日益关注，越来越重视通过政策和法律手段来促进、协调、规范和保障信息资源建设与信息服务的发展。而在现阶段，信息政策仍然是主要的手段。信息政策是指国家或相关组织为实现信息资源管理的目标而制定的有关调控信息和信息活动的行为规范和准则，在我国主要表现为行政法规、部门规章及其他规范性文件。

一、数字信息资源建设与服务政策的主要内容

数字资源的建设和服务是一项庞大的社会事业，需要国家政策的协调、规范和支持。同时，由于数字信息资源的建设和服务涉及技术、经济、人文等多种因素，并深入到社会生产生活的各个方面，具体政策内容丰富，而且需要针对不同的问题制定不同的政策。数字信息资源建设政策需求的复杂性和管理目标的多元性决定了国家信息政策是一个有机的政策体系，它由一系列具体政策构成，各个政策之间相互联系、相互制约，共同作用于数字信息建设而产生整体效应。

落实到一个公共图书馆，就是要按照国家相关的信息政策，结合具体公共图书馆的实际情况，制定特色数字信息资源建设的规划目标、建设原则、安全技术标准以及服务手段等制度，以执行政策（制度）的形式落实，才能保证公共图书

馆特色数字信息资源的建设和服务的正常运行。公共图书馆开展特色数字信息资源建设与服务相关政策（规定）的内容体系如下：

（一）信息基础设施建设政策

信息基础设施建设政策需要确立信息基础设施的建设目标、运作模式、实施规划、重点领域。另外，建设投资也是信息政策的重要内容，需要对各项投资的合理比例及增长速度、不同资金渠道构成等问题予以规定，以确保数字信息系统的长期运行。

（二）信息技术政策

信息技术是推进社会信息化的重要手段。信息技术政策要为技术的发展提供指导，它涉及信息技术现代化的目标、信息技术设备的配置、信息技术的应用范围、信息技术的开发与创新、信息技术的标准化等方面。

（三）信息资源政策

信息资源政策涉及信息资源组织的目标、原则和标准，信息资源的收集原则和开发利用策略，信息资源的合理布局与组织协调，信息资源管理体制、数字信息呈缴制度、数字信息保存制度、信息标准化管理、信息知识产权管理、信息污染治理等问题。

（四）信息服务政策

数字信息服务政策要对服务主体、服务过程、服务个体和服务质量进行规定，使信息服务有据可依。信息服务政策涉及对各个服务运营商的管理、对用户合法权益的保护、信息公开和保密、信息交流和共享、信息公共获取和开放存取、信息远程传递等方面。

（五）信息安全政策

网络的开放性使信息很容易受到各种攻击，影响信息的安全使用。制定信息安全政策就要对信息窃取和盗用、信息欺诈、信息攻击和破坏、信息滥用等破坏或阻碍信息利用的行为进行界定，确立惩罚措施，对安全保护和安全监督的制度和责任进行规定。

（六）信息人才政策

信息人才政策要制定吸引人才的策略，明确信息人才的培养、使用、管理、流动以及结构比例等内容，对信息人才的地位、待遇、职业资格、成果评价和奖励等做出具体规定。

构建公共图书馆特色数字信息资源建设与服务的政策保障体系，牵涉到除图书馆以外的多个部门，因此应建立相应的责任分配制度，设置协调主管机构以保证专职专责和特色数字信息资源建设与服务工作的落实。

二、构建信息资源建设与服务主要政策体系的思路

（一）建立信息政策的责任分配机制

信息是一个庞大而复杂的目标系统，涉及多个部门的利益。因此，应建立相应的责任分配机制。首先，应设立一个专门的主管机构，确保专职负责，从总体上规划、协调各方面的关系。其次，应对制定信息政策相关部门的责任进行具体规定，以防止出现权利失衡和秩序紊乱的现象。

（二）完善信息政策内容

目前，我国在信息安全、信息内容建设、知识产权、电子商务等领域的信息政策内容在广度和深度上有了很大的拓展和深化，但对跨国数据流、网络文化、电子犯罪、个人隐私保护等方面的政策指导力度明显不足，专门针对数字信息资源建设的政策体系尚未建立，信息政策内容亟待完善。因此，要加强对信息建设事业的投资力度；要有效地解决信息保护和信息安全问题；要在诸如政府信息公开、电子政务、电子商务、信息市场的规范、知识产权制度的建设与完善，以及网络信息传播等问题的解决方面给予政策保障；要注重信息伦理和网络文化建设；要处理好信息共享与个人隐私保护之间的关系；要加强信息落后地区的信息化进程，关注和解决"数字鸿沟"；要解决本国信息活动与其他国家以及国际组

织的信息活动的合作与协调问题；要在适应 WTO 规则的同时确立提高国内信息产业竞争力的政策。

（三）促进信息政策向信息法律转化

信息政策和信息法律同为实现社会信息化的规范和调整手段，两者相互依存、相互作用，信息政策对一切社会信息活动进行指导，是信息法律制定的依据。许多国家信息立法实践都在不同程度上参考了当时已经实行的信息政策，许多行之有效的信息政策则通过立法程序确定为相关的法律条款。但两者相比，信息政策往往是针对某一既有的问题或正在形成、发展的问题提出的，偏重灵活多样的措施，制定和审议程序相对简单，具有动态性强、执行灵活、允许不断修正完善的特点。而法律的制定、修改或废除都经过严格复杂的法定程序，一经确立在短时间内不可能修改，且时效较长，执行也具有强制性。通过立法规范信息活动将是未来的发展趋势，因此要遵循政策先行、法律跟进的模式，在时机成熟的条件下促进信息政策向信息法律转化。

（四）重视信息政策发展中的参与机制

我国信息政策制定主要表现为政府行为，民间组织和行业组织缺乏与政府的有效沟通，不能充分表达行业利益需求，导致信息政策缺乏必要的针对性、可操作性和整体利益平衡。因此，有必要采取措施吸引行业组织和社会团体参与信息政策的建设过程。我国政府需要重视网络信息内容提供商、网络信息服务提供商、科研信息机构、图书馆等信息组织和信息产业协会的参与；支持信息化建设的行业组织，了解其政策需求和利益，作为制定信息化政策的重要考虑因素；听取他们的反馈，并相应地调整政策内容和导向。

（五）建立信息政策的监督机制

信息政策监督机制指利用外力确保信息政策的正确制定、有效实施和适当协调。完善信息政策监督机制需要发挥立法机关、司法机关、行政机关、利益团体、公众的作用。立法机关要严格按照法律法规制定程序，建立立法监督的法律责任制度。听取和审查预算和项目的设立，监测政策内容、规模和方向。通过专门调查委员会监督政府各部门的政策和执行情况。对司法机关的监督主要包括判决政策的制定程序、原则和执行的合法性。行政监督包括行政机关监督和专门行政监督机关监督。集体利益主要通过接近政策制定者、向政策制定者提供信息、通过产业组织施加政策压力的方式进行监测。公共政策的监督主要通过形成舆论，引起政策制定者和执行者对信息活动的关注来发挥作用。

第二节　数字信息资源建设与服务的法律保障体系

网络环境中数字信息资源建设和服务面临的一系列新问题，已经超出了信息政策指导和调节的范畴，因而需要运用法律的手段加以规范。随着数字信息资源建设和服务活动的日益活跃，其中涉及的技术、经济、社会问题也日趋复杂，因而法律的规范显得尤为重要和迫切。目前，我国还没有专门的数字信息资源建设与服务的法律，因此只能在有关的法律体系中体现数字信息资源建设与服务的内容，通过这些内容的联系和协调，形成对数字信息资源建设与服务的法律保障体系。

一、数字信息资源建设与服务法律的主要内容

（一）信息基本法

信息基本法凌驾于具体的信息法律制度、规范之上，对信息法的立法宗旨、基本原则、调整对象、调整范围、信息法律关系、奖惩条例、效力等级等制定规则。立法目的反映了信息立法应遵循的指导思想，对各具体领域信息法律的制定起着基础性和全局性的作用。立法原则是立法目的在立法过程中的体现和具体化；调整对象是数字信息法律规范主体和客体的界定；调整范围反映了信息法内容的范围，即信息活动中的各种经济关系和社会关系；奖惩条例决定了法律执行过程中不同态度的相应处理措施；效力等级规定了各种法律、法规、规章的作用范围和相互协调的标准。

（二）信息技术法律

信息技术法律对数字信息资源建设与服务中的计算机技术、网络技术的规划和管理进行规范，保障信息构建、传输、交换和共享在技术上的顺利实现。它一般包括信息技术引进和标准化管理、信息技术应用管理、信息网络基础设施建设、信息网络国际联网管理、信息系统安全保护、信息网络运营与服务管理等法律规定。

（三）知识产权法律

知识产权法是调整在知识产权的取得、使用、转让和保护等过程中所产生的各种知识产权关系的法律规范的统称，内容包括对主客体范围、产权的获取和转让、产权管理、产权纠纷、侵害产权的法律责任等进行的规定。按照调整对象的不同范围，知识产权法包括著作权法、商标法、专利法。其中，著作权法对数字信息资源建设和服务影响最为直接，涉及的法律问题包括：数字信息建设者在版权法中的法律地位；海量数字信息的版权获取；各类数字信息的版权保护；信息利用中的版权保护；信息长期保存的版权规定，对信息保存制度——呈缴制度实行法制化。

（四）信息内容审查法律

信息内容审查法律的目的是保护数字信息的纯洁性，内容包括：对不良信息的法律界定，针对国情定义我国不良信息的范围、性质、危害程度和定级标准；内容审查管理主体的规定；网络信息内容的鉴定程序规定；不良信息的控制方式规定，包括对有关信息资源建设和服务机构入网进行登记和审核，以及对境外信息的过滤机制的法律规范；确定不良信息发布者的法律责任，包括行政责任、刑事责任和民事责任。

（五）信息保护法

信息保护法以秘密信息和人格信息为保护对象，其目的是保护特定主体的特殊利益。它包括三个主要部分：国家秘密保护法、商业秘密保护法和个人数据保护法。面对网络的发展和隐私纠纷的增多，需要制定专门的隐私保护法等法律规定。

（六）信息公开法律

信息公开是指一切负有公共事务管理职能的组织将其持有的行政信息主动通知或依群众请求向所有人进行披露，这是保障公民知情权和民主政治实施的积极措施。信息公开法要明确规定信息公开的义务人和权利人，政府信息公开的原则、标准、范围、方式和时间，信息公开的监督机制，信息公开与保密的界限及行政机关"国家机密"的自由裁量权。

（七）图书馆法

图书馆法涉及国家对图书馆事业的管理秩序，是发展与保护图书馆事业的法律规范。它在内容上应包括：图书馆在数字环境中的定义和定位；图书馆的权利和义务；国家对发展图书馆事业，包括传统图书馆和数字图书馆的责任；图书馆经费；图书馆跨越行政区划的共建共享权利；图书馆尤其是数字图书馆的著作权获取中的权利；用户权利；工作人员的权利和义务等。

二、数字信息资源建设与服务法律保障体系建设的主要思路

（一）构建独立的信息法律体系

信息法律成为独立的法律部类不仅关系着信息法律体系的完善和统一，而且也是符合法理和实际发展的必然选择。从理论上看，数字信息在收集、组织、传播、交换、利用、保存等环节中产生的一系列新的社会关系和社会问题已经形成了信息法独特的调整对象，具有成为独立法律体系的法理基础。从实际操作上看，不断涌现的信息问题难以在原有的法律框架中得以解决，需要专门的信息法对其加以统一调整；而知识产权、信息安全、网络管理等方面的法律法规发展比较成熟，具备了独立于原属各部门法的条件。构建独立的信息法律体系需要专门从事信息立法、负责统一规划协调和制定信息法规的常设机构作为保障。

(二) 注意保持社会利益的均衡

信息法律的目的在于调整在信息的取得、使用、转让和保护等过程中产生的各种利益关系,以法律的权威来协调各方的冲突因素,达到社会利益的合理平衡,可以说,平衡是信息法规的基本精神。它的内涵既包括宏观上调整国际信息交流中的关系问题,又包括微观上调整国内的公民之间、公民与集体之间、公民与国家之间的信息利益关系。

但在数字环境下,利益不平衡现象大量存在,主要表现在:权利人的私人利益和社会公众利益失衡;信息自由与信息保密、信息不足与信息过滥、信息公开与信息安全之间的矛盾尚未寻找到合理的结合点;不同国家、不同地区的信息利益失衡,表现为“数字鸿沟”和信息强国对信息弱国的文化扩张。因此,在修订和制定信息法律时必须统筹兼顾,平衡各种可能相互冲突的因素,兼顾各方利益,在“保护国家利益和社会公共利益,维护各类主体的合法权益”这一原则的指导下,确定保护与限制之间的界限,找到矛盾双方利益的结合点。

(三) 注重各种法律关系的协调

信息法律是涉及各级法律法规的统一体系,但我国目前的信息法律还没有形成独立的信息法体系,而是分散于各类法律法规之中。由于这些法律法规缺少相互关联和映射,甚至存在着一些漏洞和相互冲突之处,所以需要从宏观上进行协调,使之成为一个有机统一的体系。具体包括:各级立法之间的协调和统一。信息法制建设既要重视各层次立法的协调补充,又要坚决维护国家信息立法的统一性,依据上下位法以下服上、旧法依新法修改、同位法保持一致的原则调节各级立法的效力,避免各法律法规之间的抵触,保证法律、法规的正确执行。各类信息法之间的协调。需要积极充实信息法律的范围,协调各部门信息立法之间的关系,如不是必须的,应避免冲突和重复。国内信息法律与国际信息法律的接轨和协调。在制定信息法律法规时必须遵照国际惯例。同时,中国作为一个发展中国家,在与国际接轨的过程中应注意运用合理的手段,有效地保护我国的信息经济。

（四）图书馆界应积极参与信息立法

图书馆界一直是信息活动的重要主体，但在网络环境中，它面临着更多的挑战和机遇。一方面，图书馆界在数字环境中继续担当着社会公众利益的代表，积极参与信息资源建设与服务活动，致力于人类知识积累的公共获取。但另一方面，数字信息资源建设投资巨大，除政府外还需要多渠道的商业融资，相应地在运营方式上是公益性和商业性的混合，而任何一种方式的采纳都会对图书馆的服务定位产生重大影响，定位不同，权利义务迥然不同。图书馆界的这种性质在变化了的数字法律环境中显得处境尴尬，在法律定位和法律适用上处于极其微妙的状态，在这种形势下图书馆界积极参与信息立法，将会为自身发展创造有利条件。

第三节　数字信息资源建设与服务的标准保障体系

特色数字信息要在多个语种、多种格式、多种媒介、多种系统的环境中有效运行，就要制定统一的标准体系。标准是指在数字信息制作、处理、传输和服务过程中必须遵循的规则。它是数字资源存储、访问和管理过程中的关键因素，可以保证异构信息系统之间的兼容性、可用性和互操作性，促进信息资源的共享。

一、数字信息标准的主要内容

数字信息建设和服务要经历从资源转换、加工、创建到资源描述、组织、存储，到资源发布、检索、存取，再到资源保存、服务的整个流程，构建完备的标准体系就要贯穿整个过程，保障各个环节的工作都能做到标准化。总的来说，数字信息建设和服务涉及的所有标准可划分为五个层次：资源创建标准——数据编码标准、文件格式转换标准、对象标识标准；资源描述标准——元数据标准、文件结构化编码标准；资源组织标准——资源集合管理标准、开放连接标准、数字对象调度标准；资源长期保存标准——信息长期保存协议标准、资源获取标准；资源服务标准——检索协议标准、参考服务标准。

（一）信息创建标准

信息创建标准是对信息格式的最基本规定，主要包括内容编码标准、数据格式标准和资源标识标准。

内容编码标准分为字符编码标准、特殊信息编码标准和结构化信息编码标准。

数据格式标准是指文本、图像、音频、视频等数据内容的格式规定，主要有PDF、PS、HTML、XHTML 或 XML 文本格式，BMP、XBM、PCX、GIF、JPEG、DAT、MIDI、WAVE、AIFF、Apple Quick Time、SUN Audio 和 MS Real-Audio 等音频格式，MPEG、Apple Quick Time、MS Real Video、Flic、Microsoft AVI、Microsoft ASFs DV、DVCam、DVCPro、Digi Beta 等视频格式标准。

资源标识标准对于建立一个有序的数字化信息保障体系来说非常重要，一个永久的唯一标识符能够指向资源而不管其位置，在资源位置变动时通过映射来保证与当前位置的一致。主要的资源标识标准包括统一资源标识符（URL）、统一资源名称（URN）、统一资源特征（URC）、句柄系统（Handle System）、数字对象标识符（DOI）、永久性统一资源定位符（PURL）。

（二）信息描述标准

资源描述标准主要指元数据，这是标准体系中最为丰富的组成，针对不同的描述对象和应用领域出现了各种元数据标准，探讨最多的是 MARC 标准、DC 标准和 RDF 标准。

MARC 是使用最成熟且应用最广泛的存储和交换书目记录的标准。它遵循ISO 2709 规定，运用同字段来描述信息的不同特征。DC 元数据是为了描述网络资源、支持网络检索而建立的简单有效的元数据模式。DC 标准简练、易于理解、扩展性强，能够更好地解决网络资源的发现、控制和管理问题。RDF 是一种资源描述框架，允许对结构化元数据进行编码、交换和重复使用。RDF 标准本身几乎没有语义定义元素，但对一般语义、语法和结构的支持使多个用户能够定义自己的元数据元素，提高不同元数据体系之间的互操作性。

（三）信息长期保存标准

数字信息保存方面的相关标准有：美国研究图书馆组织（RLG）提出的数字资源长期保护的问题框架，美国空间数据系统咨询委员会（CCSDS）提出的OAIS 模型等。

（四）信息服务标准

信息服务标准主要体现在信息检索标准/互操作标准 Z39.50、OAI 协议以及虚拟参考咨询规范。Z39.50 协议是一个基于客户机/服务器的信息检索标准，它规定了一些过程和格式，支持计算机使用以一种标准的、相互可理解的方式进行通信，并支持不同数据结构、内容、格式的系统之间的数据传输，实现跨平台异构系统之间的互联与数据库查询。

OAI 的全称是 Open Archive Initiative（开放文档先导），是基于元数据采集的网络数据库系统互操作协议，它以 Dublin Core 的 15 个核心元素为"中间件"，使不同元数据方案下相等或近似相等的元数据相互映射，以实现语义上的互操作。

加强标准工作的首要前提是提高标准化仪式，要充分认识到标准化对于特色数字信息资源共建共享的重要性；要加强标准制定的合作与协调，完善数字信息标准的内容体系，确定数字信息标准的选择策略。

二、数字信息资源建设与服务标准保障体系建设的思路

（一）树立正确的标准意识

加强标准工作的首要前提是提高标准化意识，要充分认识到标准化对于数字资源共建共享的重要性，纠正对标准化的片面认识。一方面，要认识到标准化是实现数字资源共享的前提，是数字信息长期保存和使用的基本保证。

在资源建设中首先要考虑标准化问题，而不能只满足于资源的建设规模和自建自用的应用要求，也不要在资源建设到了一定阶段遇到实际困难时才考虑标准化问题。另一方面，要处理好"自有标准"和"统一标准"间的平衡，不能将

个性化等同于"自有标准",但也不能将标准化等同于"大一统",而要以开放的思想来达到个性化和统一性的最佳组合。

(二) 加强标准制定的合作与协调

我国信息标准制定各自为政、重复建设现象严重,解决这个问题应该由一个机构牵头,根据数字信息资源建设特点和标准化总体要求,统筹规划,制定适应不同资源和使用目的的标准化发展策略、标准整体框架、具体标准体系,以加强标准的整体协调和资源的互通,最大限度地减少标准失误。

(三) 完善数字信息标准的内容体系

数字信息建设发展迅速,在建设模式、资源内容、资源类型和数量等方面都发生了巨大的变化,这使信息建设的内容愈加复杂,对于标准的要求也更趋精细、完备,因此完善数字信息标准的内容体系不可或缺。在此过程中,要注意两个方面:第一,将标准建设的长期目标和近期目标结合,使标准内容既能满足现实需求,又能循序渐进、逐步完善;第二,注意将标准的宏观框架和具体业务标准建设结合,使标准体系既能提供整体指导,又能提供具体业务中可操作的规则和细则。

(四) 确定数字信息标准的选择策略

在目前数字信息建设中,虽然有些方面的标准还不完备,但就解决某一类技术或问题而言,有时往往存在几个标准。此外,标准具有适用性,同类型的标准有各自不同的优势,适用于不同的情况,而且同一标准也要不断进行更新和调整。因此,在什么情况、什么时间采用什么标准以及如何使用都需要慎重考虑,其中就涉及确定标准的选择策略。在确定具体标准的选择策略时,要坚持整体最优、统一使用、协商一致、便于扩充等原则;应当注意标准的国际化、开放性和技术成熟度;适当采用事实标准;适当进行标准选择的经济评估。

第四节　数字信息资源建设与服务的技术保障体系

一、构建数字信息技术保障体系的原则

数字信息资源建设与服务的发展有赖于一个强有力的技术保障体系，这个保障体系的构建应该遵循以下原则：

（一）服务导向原则

数字信息资源建设的根本目的是充分有效地满足用户的信息需求，通过信息技术的研发达到快速、便捷、可靠地检索、组织、利用和交流信息的最终目标。因此，信息技术发展就应以服务为导向，以人为本，考虑用户的显在和潜在的需求，研发具有适用性和一定先导性的技术来满足这些需要，并以是否有利于整体服务机制的有效形成、长期稳定运行和可持续发展作为技术评定的基本条件。在技术研发的同时，也要注意对基本资源利用机制与服务系统的建设，实现技术体系和管理服务体系的完美结合，共同完成数字信息建设的最终目标。

（二）交互性原则

网络时代背景下，用户不再是被动接受信息和服务的群体，而越来越具有主动参与和相互交流的特质和能力。信息技术体系必须重视这一变化，在系统建设中吸收用户参与和交互。这种交互包括在技术发展导向上探寻用户需求、吸引用户参与联合建设，在系统性能上征求用户测试，在系统评价上接受用户报告，通过系统研发与用户的双向交流互动，不断调适信息技术体系，使技术能更好地满足用户需求。

（三）系统性原则

数字信息资源建设与服务是综合性的，它不仅包括关键技术研发，而且包括信息技术在管理层面的组合和集成。信息技术应在统一而全面的理论框架下跨越

整个数字资源信息建设和服务的总体过程,从这一整体思路考虑,信息技术体系应规划为资源加工整合系统、资源管理储存系统、资源互联调度系统、用户查询服务系统、信息安全与版权保护系统等若干个子模块。同时,要注意这些模块之间的有效衔接以及与总体目标的合理联系,构建整体效益最大化的信息技术体系。

(四)开放性原则

开放性原则体现在三方面:第一,在信息技术发展中要加强与国内外的合作与联合,充分利用已有的技术成果,积极吸收他人的经验教训,积极构建数字图书馆技术联盟共促技术交流与合作;第二,在技术推进主体上,除了项目管理单位外,还要吸收社会相关机构来共同实施,可通过公开招标和邀标来确定承担机构,通过多个机构的开放合作来实现既定目标;第三,在技术规范上要强调开放性建设,采用和适应国际国内标准和规范,要认识到独创性与标准化并不冲突,它们反而是在标准范围内进行的创新。

(五)法制原则

在数字信息资源建设与服务过程中涉及的法律问题越来越成为影响其发展的重要因素,因此,数字信息技术的研发和应用应遵守国家有关法律法规和国际规则,避免技术滥用对知识产权、个人隐私权、信息自由权等的侵害,同时通过技术限制达到信息过滤、信息安全保护,确保法律法规的技术实现。

二、数字信息建设与服务技术保障体系的主要内容

数字信息资源建设与服务是伴随着数字信息技术的发展而不断提升的。从数字信息资源建设模式看,技术也贯穿其中并不断发展,数字信息资源建设与发展有赖于一个强有力的技术保障体系,技术保障的主要内容包括以下五方面。

(一)信息存储与保存技术

数字信息海量增长带来的首要问题就是信息资源的存储和长期保存问题,存储技术除了确保信息的存储容量外,还要考虑数据读取的速度、完整性、可用性

等运行状况。为了在瞬息万变的数字环境中保证信息稳定和持续有效，长期保存技术成为必要条件。数字信息长期存取面临着三大挑战：存储载体不耐久、读写信息的计算机软硬件过时、数字信息内容不真实完整。应对这三大挑战，人们研发了信息存储技术、仿真技术、数据迁移技术、数字图形输入板技术和再生保护技术。

1. 信息存储技术

直接连接存储（DAS）通过 SCSI 接口或光纤通道一对一地将存储设备直接连接到应用服务器上，存储设备无独立的存储操作系统，所有的存储操作都要通过服务器 CPU 的 I/O 操作来完成。该技术适用于服务器在地理分布上很分散，存储系统必须被直接连接到应用服务器上的情况。

网络连接存储（NAS）采用以太网和 SCSI 的即插即用存储技术将存储设备通过标准的网络拓扑结构，连接到一堆计算机上。该技术可以使计算机无须服务器直接上网并且不依赖通用的操作系统，使整个系统的管理和设置较为简单，适用于文件系统和 Web 服务系统的存储和共享优化存储。

存储区域网络（SAN）是一个独立于服务器网络系统的高速存储网络。它使用高速光纤通道作为传输介质，将存储设备与一堆服务器连接起来，专用于存储。它通常由 RAID 阵列、磁带库、光盘库和光纤交换机组成。

内容寻址存储（CAS）的架构基于一种名为"Centera"的新型存储服务器，特别针对大量固定内容的存放和检索流程进行了优化。

2. 仿真技术

仿真技术是制造一种能运行过时软硬件的软件，建立与原有数据、设备及其管理系统兼容的运行环境，使原有的数据、设备和系统能够在当前的软硬件系统上运行。

3. 数据迁移技术

数据迁移技术是根据软件和硬件的发展，将数字资源迁移到不同的软件或硬件环境中，以保证数字资源在发展的环境中能够被识别、使用和检索。目前主要有两种迁移方式：一是将数字信息从稳定性低的介质上迁移到稳定性更高的介质上，从对软件依赖性强的格式迁移到对软件依赖性低的格式上；二是将数字馆藏从各种不同格式迁移至易于管理的最简单且符合标准的格式上。

4. 数字图形输入板技术

数字图形输入板技术以光为能源或自带电源，自身备有屏幕并能将屏幕上的信息自动转化为数字信息存储，存储功能达数百上千 TB 字节。

5. 再生保护技术

再生保护技术是指将技术过时的数字信息适时地转移到缩微品或纸上的方式。这种方法为长期保存数字信息提供了方便并避免计算机软件技术过时所带来的任何麻烦，但它对于多媒体信息则无能为力。

（二）信息组织和检索技术

信息的分布式存储和集成检索是数字信息资源建设的发展方向，因此，信息技术的目标就是实现信息的集成组织、无缝连接和跨库检索。目前主要的技术包括三种。

1. 信息自动分类技术

信息自动分类技术是根据信息的内容或属性将大量信息归到一个或多个类别的技术过程，其核心分为文本表示技术和文本分类技术。

2. 异构检索技术

异构检索是借助单一的检索接口，利用同一的检索方式，实现对分布式、异构信息资源的检索。为实现异构检索功能而采用的技术包括元数据获取技术、资源选择技术、检索式转化技术、结果整合技术和自动参考链接技术等。

3. 语义检索技术

网络上音频、视频、图像等多媒体信息资源的增加给信息检索技术提出了新的挑战，因为多媒体信息具有丰富的内涵，很难用文档完全概括，同时文档描述有很大的主观性，这就要求给予其语义的检索。语义检索技术包括语义元数据生成与管理层、数据存储与管理层和应用层三层体系结构，在对数据抽取、标准和采集的基础上，建立索引和聚类模块，提供基于内容语义的强大检索功能。

（三）信息安全技术

信息安全技术的目的就在于提供一套系统，使网络信息资源的存储、传输和开发利用处于一个有充分安全保障的环境里。目前，常用的信息安全技术包括三种。

1. 信息加密技术

信息加密技术即密钥技术，在数据通信过程中，将原始信息（明文）按照收、发双方共同约定的一种特殊编码（算法、密钥）变换成密文进行传送，经过接收方的解密，实现信息的安全、正确交换，这是一种主动的信息安全保护技术。

2. 身份认证技术

身份认证技术主要包括数字签名和数字证书。

3. 安全防范技术

安全防范技术主要包括防火墙技术、入侵检测技术和病毒防治技术。

（四）知识产权保护技术

1. 数字水印技术

数字水印技术用信息处理的方法在数字化信息中嵌入只有通过专用检测器或阅读器才能提取的隐蔽标记。

2. 安全容器技术

安全容器技术是将信息内容进行安全封装的技术手段，目前主要有 InterTrust 的 Digi Box 技术和 IBM 的 Cryptolope 技术。

3. 移动 Agent 技术

移动 Agent 技术是代码、数据和执行环境的封装，在执行过程中该技术可以在计算机网络中自治、有目的地迁移，并且能够响应外部事件，在迁移过程中保持其状态的一致性。这将是未来的一种纯技术软件的解决方案。

4. 数字版权管理技术

数字版权管理技术从本质上说是许可证管理技术，即通过对数字内容进行加密和附加使用规则对数字内容进行保护。

（五）信息服务技术

1. 数据挖掘技术

数据挖掘是利用各种分析工具在海量数据中集中识别出先前未知的、完整有效的、新颖的、潜在有用的以及最终可被理解的模式的过程。数据挖掘技术是数据挖掘的具体实现，包含人工神经网络、决策树、规则归纳、最邻近技术和可视化技术等多种技术的综合运用。

2. 智能代理技术

智能代理技术的要点是，用户将自己的信息需求提交给智能代理，智能代理通过"自动学习"理解用户的微妙需求，并自动搜索、分析和处理互联网上的页面。根据信息用户的需求和思维方式对检索结果进行处理和优化，并将最终结果反馈给用户。

3. 信息推送技术

信息推送技术是一种信息获取技术，是信息服务公司或网络公司通过一定的技术标准或协议从网上信息资源或信息处理者处获取信息，然后通过固定的渠道向用户发送信息的一种新型信息传播系统。其发展方向是结合数据挖掘技术、智能 Agent 技术形成智能信息推送技术。

第五节　数字信息资源建设与服务的人才保障体系

一、数字信息资源建设与服务对人力资源的要求

随着社会数字化意识的提高和数字化建设的深入，数字信息项目吸引了包括计算机、信息管理、企业管理、法律、市场营销等在内的专业人才来分别处理数字信息项目建设的各层面问题，人力资源状况得到很大改善。但就整体而言，信息化人才队伍还存在信息意识落后、技术水平偏低、外流现象严重等问题，总体

情况还不能满足数字信息资源建设和服务的需要。而数字信息资源建设与服务是极为庞大的信息工程，对人力资源的需求内容也特别丰富。建立人才保障体系就要培养合格的信息人才，使之具备以下技能。

（一）数字信息建设、开发和维护的能力

数字信息建设、开发和维护的能力体现为：熟练运用扫描、压缩解压缩、加密解密、数据转换等技术对各类文档进行数字化处理；熟练运用编程语言或数据库开发语言建立、管理和开发数据库资源；能够运用信息组织技术和导航技术合理组织和安排信息资源；精通信息安全技术，维护系统的稳定性，保护系统免受外部攻击。

（二）网络信息资源收集、加工、存储、检索、传递、开发、利用

网络信息资源收集、加工、存储、检索、传递、开发、利用的能力体现为：敏锐捕捉信息的价值，知道信息的来源；精通将原始信息资源加工成二级、三级信息，从而提升信息深度；能够制定各种检索策略，使用各种网络信息检索工具和数据库查找各种资源，开展虚拟参考咨询服务；能使用网络通信设备和工具传递信息资源；可以利用现有的网络信息资源开发和再生各种有价值的预测信息，服务于教学科研，服务于社会。

（三）某一专业领域的背景知识

数字信息系统的内容往往涉及多个学科。要科学地组织和发展这些学科的知识，必须有深厚的专业基础，对专业体系和知识细节有深刻的理解。例如在构建古籍信息系统时，只有熟练掌握古文字、古音符、历史、版本等知识，在参考咨询过程中才能更清楚地了解用户课题，提供专业化的服务。

（四）较好的外语水平和语言表达能力

数字信息系统的全球一体化和网络化，多语种文献的利用，信息资源的共建共享，从互联网获取信息的普及等都要求数字图书馆员熟练掌握外语。而且数字图书馆时代国际交流与协作日益频繁，为适应国际交流也需要他们有较高的外语

水平和语言表达能力。

（五）自我学习能力

在知识经济时代，现有的知识结构只能是数字信息人员自我学习的基础和平台，如果不具备自我学习能力，现有的知识很快会老化，也就会失去继续学习的平台，因而自我学习能力是掌握新知识的、适应数字环境发展的不可或缺的品质。自学能力包括建立所需知识和制订完整计划的能力。

（六）创新能力

创新能力包括选择前沿研究方向和课题的能力，产生创造性信息的能力，将理论研究成果转化为现实生产力的能力。

二、数字信息资源建设与服务人才保障体系建设举措

（一）实行职业资格认证制度

图书馆是信息知识管理和服务的主要场所，在数字信息资源建设和服务中，图书馆仍然是主力军。但由于图书馆人才进入门槛较低，信息人才素质高低不一，严重影响了资源建设和服务的质量，因此加强入口控制对提高信息人才素质至关重要。建设职业资格认证制度就是要实行图书馆职业准入控制，政府认可的鉴定机构根据国家或行业协会制定的职业标准，客观、公平、公正、科学地对从业人员的技能水平和信息能力进行评价和鉴定，使从事图书馆职业的人员达到该职业应具备的知识和技能水平，保证图书馆职业的整体社会形象。

（二）实施人本管理

人本管理是现代社会的一种先进的管理思想，它通过激发人员的主观能动性，提高人员总体素质，使其能圆满完成工作任务。数字信息资源建设和服务的人才保障体系建设要积极转变观念，确立人本管理思想和机制。人本管理，指正确认识和处理人与其他生产要素的辩证关系，重视人的智慧、创造力、主导、主动、决定性作用。

（三）进行在职培训

信息社会是一个知识不断推陈出新的时代，数字信息建设与服务人员只有不断提高自身的文化素质和信息技术操作能力，才能适应业态的变化与工作发展的需要，因此建立和完善人才培养计划、不断开展在职培训是人力资源建设的重要任务。首先，要建立一种积极学习的气氛，转变个人思想观念，认识到信息环境的快速变化和自我学习完善的必要性，鼓励个人学习更高层次的业务知识和专业知识。其次，加强内部培训工作，让更多的图书馆员加入到学习新知识、新技能的行列中来。内容可以涉及信息工作的多个层面，包括计算机操作、管理、法律、信息处理等知识以及信息建设的国内外动态趋势介绍等。再次，鼓励个人积极外出学习交流，通过经验交流吸收先进管理知识，提高馆员自身素质。最后，通过竞争培训，更好地培养有工作潜力的图书馆员。培训可采取自愿报名的形式，并进行期末考试，同时考核成绩。

（四）建立人才考评和激励机制

人才评价机制可以有效地控制和管理员工，促进图书馆员更加清楚地认识自己的能力和职责，不断提高自己的才能，为实现人才的奖惩、晋升、培训和解聘提供重要依据。首先，评价机制必须坚持公开、公平、公正的原则，有明确的质量和数量标准，做到有据可查。其次，在评价中，既要做好个人的自我评价，也要做好他人的评价。再次，要定期进行评估。

人才评价机制应与人才激励机制相结合。根据员工的绩效评价，通过相应的奖惩制度、聘用和晋升制度、津贴制度和任期制来调动员工的积极性和主动性。

（五）灵活引进人才

为改善信息人才短缺的状况，数字信息资源建设和服务需要采用多种方式灵活吸引各种专业人才，实施招收和聘任相结合的人才引进机制。首先，要根据工作的总体目标和具体任务合理规划人员结构，充分运用能岗匹配原则即通过比较能力与岗位要求的相符程度来确定人才任用。其次，要考虑对各类型人才进行合理搭配，使其优势互补、团结协作，最大限度地发挥人才的团队合作精神，提高图书馆整体的工作效能。再次，在采用正式招聘人员的方式之余，还可以采用聘用外来专家的方式吸引人才参与数字信息建设和服务活动。

（六）改进信息人才教育模式和课程体系

开设信息学专业，实施专业教育是培养信息管理人才的主要方式，但目前的信息管理专业教育模式僵化、课程体系落后，无法满足数字信息资源建设与服务的需要，因此必须对现有的教育方式进行改革，对课程进行调整。课程要增加数字信息资源建设与数字信息服务的内容，在理论和技术上保持平衡，其内容主要包括数字信息资源的组织、描述、保存，知识产权，知识政策和法律，信息技术，协作和资源共享体系，管理和提供数字信息服务。

第六节　数字信息资源建设与服务的用户保障体系

用户是数字信息资源建设与服务最终面临的对象，他们能够最直接地感受和评价数字信息资源建设和服务的质量。随着信息技术的发展和人们认识的提高，数字信息建设已逐步从资源主导型转为用户主导型，因此，研究用户需求、保障用户利益是数字信息资源建设与服务获得成功的重要保证。

一、数字信息用户保障体系建设的内容

数字信息的用户数量大、地域分布广、需求内容复杂、自主性强、交互性需求高，用户保障体系主要针对用户利用信息资源和服务过程中可能遇到的障碍，运用技术、管理和服务创新等手段防范和清除这些障碍，保证用户使用数字信息和服务的畅通无阻。具体内容有以下三方面。

（一）保障用户信息安全

数字信息和服务都建立在计算机和网络基础上，容易受到计算机病毒、黑客入侵等危害，导致合法用户的信息外泄、账号被盗用乃至电脑瘫痪，所以用户信息安全保障的首要问题就是保证用户的账号安全和系统使用安全，保证用户信息

的机密性、完整性和可靠性。首先，要采用硬软件结合的安全防范措施，即利用防毒、杀毒软件，入侵监测系统和物理隔离相结合的整体解决方案抵御各种病毒的侵扰；其次，要做好灾难恢复、数据备份和加密工作，以便及时弥补由于系统出现故障而导致的用户信息丢失的情况。

（二）保护用户隐私

用户隐私主要涉及两个方面：一是用户个人信息隐私，用户在利用信息系统的过程中往往会留下一些个人信息和专业信息，包括个人年龄、职业、学历、研究领域、学术背景等，保护用户个人信息隐私就是指保证用户的自身信息不会外泄和违背用户意志地滥用；二是用户行为信息隐私，用户行为信息包括浏览网页、访问网站和数据库、信息检索、信息咨询等各种行为的具体情况。保护用户行为隐私即保证用户在不受他人监督、检查的情况下，按照自己的需要和兴趣自由地利用数字信息资源和服务。总的来说，用户隐私保护要求信息系统将所有与用户有关的记录作为机密，防止第三方获取并控制其利用。

（三）实现用户信息公平

信息资源的公共获取从根本上代表了社会的公共利益，实现信息公平就是要解决公众信息获取的困难，保证所有用户（不论其性别、年龄、宗教、国籍、民族、身体状况、经济状况、社会地位）享有以下权利：平等获取用户资格的权利，平等接入网络和信息系统的权利，平等获取信息资源并进行自由阅读利用的权利，平等享有人格尊严不受侵犯的权利，平等参与图书馆管理的权利，平等提出咨询问题和接受服务的权利，平等遵守合理规章制度的权利。就目前而言，阻碍信息自由的因素还有许多，其集中表现就是"数字鸿沟"。实现信息公平，保障用户尤其是弱势群体的权利就需要消除产生"数字鸿沟"的各种因素，使信息能以便捷、免费的方式或以合理价格为公众所获取。

二、构建数字信息用户保障体系的策略

（一）建立用户信息库，获取用户信息需求

了解用户需求及其差异才能使数字信息服务有的放矢，因而在数字信息建设

中要对用户的个人信息、信息需求和信息行为进行收集、整理和组织，建立用户信息库，从而分析用户类型、建立用户信息需求模型。用户信息库的内容包括用户个人信息（年龄、教育状况、职业、联系方式等）、用户专业信息（研究方向、研究兴趣、学术背景、科研环境等）、用户行为信息（信息使用习惯、使用偏好、服务评价等）、用户忠诚信息（对系统的忠诚度、满意度、依赖度等）、特殊用户信息（对知名学者、专门机构的信息进行单独收集）。建立用户信息库的方式包括用户自行登记、用户订制信息、Web 用户信息挖掘、系统之间联合进行数据导入、利用信息收集和分析程序等。在构建用户信息库的过程中，要注意解决用户数据残缺、错误问题，信息内容更新问题，信息分类、统计、描述问题以及用户隐私保护问题。

（二）完善技术和规章，保护用户信息安全

用户的信息安全主要通过技术和规章管理来实现。在技术上表现为通过访问控制技术和信息加密技术实施用户账号管理，保证注册用户和授权用户的账号不会被盗，用户的合法权益不会被侵犯；通过网络安全监控、防范技术保障用户在系统使用中不会受到病毒侵害。在规章管理上表现为制定相应的信息安全管理办法，对信息系统和用户进行约束。从规章制度上保护信息安全主要指信息服务运营者要制定各自的用户信息安全管理制度，内容包括：对信息安全管理应遵循的法律法规的说明；对工作人员信息安全意识的培养，告知员工应尽的安全责任和义务；对用户信息安全意识的教育，告知可能导致信息危害的网络操作行为，说明受到安全侵害后可能出现的状况，提供安全防护的措施；对系统信息安全技术方案的说明，包括用户注册管理、交付管理、邮件管理、个人信息空间等的技术和采用协议；对违反信息安全的行为进行界定；对侵害信息安全的行为做出相应的处理决定。

（三）建立沟通机制，加强信息交互

建立沟通机制就是要搭建系统管理者获取用户反映和用户提出意见建议的交互平台，从而实现用户和信息系统管理者之间的良性沟通，达到信息的平稳交流。沟通机制主要包括建立用户参与机制以及信息公开机制。建立用户参与机制

就是从规章制度上确保用户提出自身需求和反馈信息的权利，具体内容包括：规定用户提出信息需求的方式和信息机构接受、处理信息需求的举措；规定用户提出反馈信息的途径和信息机构的处理方式；规定用户与信息机构发生冲突时向上级主管部门申诉的方法；规定对积极参与信息系统建设的用户的奖励措施等。

获得信息系统和信息机构相关的信息即用户知情权是用户应当享有的合法权利，实现信息公开制度才能保证用户知情权的真正实现。信息机构对于所属的内容成员和与其利益相关的外部社会成员，都有应给予公开的公共事务信息，包括建设目的、开放对象、资源内容、资源布局、资源更新速度和数量、用户权限、办事程序、违规处罚等。对这些公共信息，管理规章应对是否公开、哪些公开和何时公开进行规定，对不执行公开制度的行为规定惩罚措施。

（四）开展信息素质教育，实现信息公平

开展信息素质教育就是要通过用户教育使其掌握信息工具的使用方法，从而获得查找、处理和利用信息的能力并能将之用于解决实际问题。数字信息系统要在显要位置设置信息使用教程，通过文字或图像展示的形式传授信息检索技术、系统服务的使用方法并提供相应实例保证用户对系统的适应和熟悉。

（五）加强行业自律，保障用户隐私

行业自律即通过信息服务行业采取自律措施来规范各机构的个人数据信息收集、利用、交易方面的行为，以达到保护隐私权的目的。充实用户隐私保护的行业自律规范就是要由一定的行业权威机构来制定行业内各机构应当遵循的隐私保护原则，界定个人隐私的范围；就具体隐私保护内容提出指导意见和建议，对信息人员的相关素质进行规范；确立隐私保护的认证机制。

第九章
图书馆特色资源共建共享与评价

第一节　图书馆特色资源共建共享概述

网络环境为文献资源的共建共享提供了有利的条件。目前，各图书馆根据各自的馆藏特色、资源优势和地域文化特征，挖掘和深加工这些特色资源，为读者提供更多的特色资源。

一、图书馆特色资源建设与共享中的问题

在知识经济的今天，要构建具有跨区域、纵向交叉的特色信息资源共享系统，面临着诸多政策、措施、理念、技术以及相关的理论支撑。

（一）关于知识产权与著作权的问题

在收集、传播和向用户提供信息服务的过程中，特色数据库的建设会涉及版权和知识产权的保护。从版权保护的角度来看，在版权保护期内需要与版权人进行协调，避免侵犯版权人的权利，同时充分收集和利用这些独特的信息资源。在知识产权问题上，图书馆必须在遵循世界知识产权秩序的前提下，正确处理和解决特色数据库与知识产权保护的关系。

（二）特色资源库的类型复杂，乃至重复

不同的图书馆在创建特色资源数据库时，会有不同的名称，如特色数据库、自建数据库、自建特色数据库等。而且每个图书馆的特点和自己的数据库五花八门，

各自独立，没有一个统一的标准，有的甚至有不同的数据库，与内容名称体系的混乱导致特色信息资源难以共享、读者检索和使用困难、数据库的重复会导致资金的浪费。图书馆应采用国际标准建立特色资源库，节省人力、物力和财力，为用户提供方便、快捷、高效的文献检索服务。

（三）特色资源建设水平参差不齐

特色馆藏是各图书馆的资源品牌，是图书馆开展特色服务的资源基础，也是网络时代图书馆共建共享的资源依托。目前，大多数图书馆比较重视特色资源的建设，但各图书馆的特色资源建设水平却参差不齐。第一，有些图书馆还没有自己的特色资源，或者有些图书馆已经开始从事这方面的建设，但读者还不能利用本馆的特色资源。第二，已经在进行特色资源建设的图书馆收藏有特色资源，但没有保存数据库，甚至建立有特色的数据库，也有利用率低的图书馆。第三，各馆特色资源建设的系统性和综合性方面存在一定的差异，只是简单地就现有特色资源进行建设，而没有意识到特色资源跟其他馆藏资源一样具有保存和利用价值，因此，在特色资源建设过程中就需要尽可能多地、全面地、系统地收集此类资源，这样才有利于形成特色。

（四）特色资源共享范围受限

在对特色资源数据库调查过程中，特色资源共享只是在共享范围内的图书馆之间进行共享，但同是成员馆访问特色数据库也会受到限制。以 CALIS 地区中心特色数据库调查为例，不是一个地区中心的不可以互相访问，同是一个地区中心的也存在部分成员馆不能访问该地区特色数据库，如广东工业公共图书馆无法访问华南地区中心的特色数据库，上海海事公共图书馆无法访问华东南地区中心的特色数据库，大连理工公共图书馆只能访问一部分东北地区中心的特色数据库。

二、实现特色资源共建共享的现实意义

图书馆要充分利用资源的优势，制作有特色的资料，将零碎的数据系统化、集中化，传达给读者，使其具有独特的资源价值和利用率，获得最大的经济效益和社会效益。实现各馆之间，不论是同区域，还是同专业院校的特色资源共建共

享，在一定程度上不仅可以弥补资源保障的不足，还可以促进地区之间协同建设与发展。

（一）特色资源共建共享是图书馆与时俱进的需要

21世纪是知识创新的时代。信息的快速增长大大扩展了信息的承载能力。图书馆作为知识的载体，也面临着大量信息的收集、加工和整合，从而为读者提供有价值的信息。同时，随着科学技术的飞速发展，图书馆必须与时俱进，不断创新服务手段，最大限度地满足人们的信息需求。然而，由于资金、人力、空间等因素的制约，没有一个图书馆能够快速地收集、处理和传输所有的信息。图书馆之间的合作日益增多，图书馆之间的合作已经成为当前发展的新形势，资源共享也将是未来图书馆发展的必然趋势。

（二）以共享特色资源为科学研究活动提供信息支持

在区域文化研究过程中，要充分利用地方文献资料，对历史人物、文化遗产、文学艺术等进行科学研究。各地图书馆对分布在各地的地域文化资源进行了收集和整理，进行了地域特色文献资源的整合，极大地满足了专家学者对地域文化研究的需求，使他们足不出户就能通过互联网了解和利用当地的文化和历史。不同地区特色文献资源的共建共享为研究工作的开展提供了有力的信息保障。

（三）通过共建共享特色资源，间接推动当地的经济和文化发展

图书馆作为人类知识和文献的核心，肩负着促进区域经济发展和文化建设的重要任务。没有本土文化的支撑，当地的经济发展就会缺乏活力和动力。它不仅为地方政治经济发展服务，也为地方经济发展服务。它还为当地经济发展提供了一个窗口，为当地文化资源提供了一个良好的宣传平台，为读者提供了方便快捷的信息，增进了他们对当地文化资源的了解，加强了对当地文化资源的宣传，以吸引外资，开发旅游资源，促进区域经济发展。

（四）共享特色资源，促进知识的增值

地区特色信息资源的共建共享打破了地方政府、学者、企业的局限。通过共

同建设共享体系，地方特色信息资源从当地出来，为更多学者和研究者认识、了解和利用。知识的传播和利用可以提高知识的价值。

第二节　图书馆特色资源共建共享的原则

图书馆特色资源建设是图书馆资源建设的重要组成部分，对于梳理、开发、利用地方特色文献资源，揭示馆藏变化具有十分重要的意义。在特色文献资源数据库共建共享过程中，存在建设单位众多，涉及的学科面广、主题丰富、人物与地域文化浓厚等特点，使得数据库建设体现着不同地域或者不同专业的特色，因此，要严格遵循一定的建设原则和要求。

一、图书馆特色资源共建共享的指导原则

（一）整体性原则

在我国，条块分割管理体制是信息资源共建共享的最大障碍。由于总体规划不足，馆际协调不足，信息资源建设的"融合"现象严重，导致数据库及运营平台的多样性、标准千差万别等问题。为了保证图书馆特色资源共建共享的长期存在，必须在统一规划、统一部署、统一管理下进行整体化建设。达成协议的各馆之间要有明确的分工，在履行各自职责的同时要发挥各自的特色，发挥整体效果和共同保障的优势。

（二）层次性原则

特色资源共建共享在程序上要分阶段实施，先易后难。由于我国图书馆事业发展水平参差不齐，根据区域经济、社会发展水平和文化基础设施条件，因地制宜、分类指导，分别制订了区域发展目标和具体实施方案。第一，结合本馆的具体情况，建设了本馆特色鲜明、与其他馆优势互补的信息资源体系，为资源共享奠定了基础。第二，共建共享本地区的系统特色资源，在此基础上或同时以本馆自主的行为形式主动提供馆外共享的特色资源，并主动努力共享其他馆的特色资

源。第三，把上述行动与国家中心建设联系起来，最终形成全国范围内特色资源的共建共享。

（三）服务性原则

特色资源的共建和共享以服务用户和读者共享为最高原则。提供文献服务时，需要提供两次文献和一次文献。访问可以是直接上网或拨号上网。馆际贷款和文献传递可以通过电子邮件、FTP、传真、邮政等多种方式快速高效地进行。让用户了解，特色资源的获取与其他馆藏资源获取具有同样的标准，而不是因为是特色资源就具有特殊的待遇。

（四）开放性原则

特色资源共建要与系统和外部相结合，在科研、高校、公共三大系统图书馆的基础上，连接全省，面向全国，有计划地开展系统内外、省内外的合作与交流，不仅要广泛吸收省内外的各种特色文献信息资源，还要广泛服务省内外的用户。服务系统的软硬件配置应采用国际通用的开放操作系统平台技术、网络通信协议 TCP/IP 技术、面向广域的数据库技术等，保护各馆文献数据建设中心计算机网络支持环境，确保广域网上的互联互通。

（五）效益性原则

任何项目的开展都要考虑建设成本，同样对于资源缺少的图书馆来说，更要注重资源建设过程中的成本效益。第一，必须把长期发展和最近的需要结合起来。必须确定共建共享的阶段性目标，逐步推进特色资源建设。不要一开始就追求大而完美。第二，要充分发挥现有资源的效果，充分利用资源丰富、条件好的图书馆的优势，加强馆际多方面合作，避免资源重复建设，使用有限的资金、人力和物力。

二、图书馆特色资源共建共享中参建馆遵循的原则

共享体系中各成员馆之间相对均衡的利益分配与调整，调动各方面的积极性、促进图书馆特色资源共享体系的共建，主要是参建馆和读者个体等社会用户

群体的利益、参建馆自身利益和其他参建馆之间的利益、参建馆内部人员的利益等。

（一）读者满意原则

在满足读者需求、为读者提供服务的前提下，实现图书馆和读者的利益共享，是国家投入资金，最终目的是让读者从中获益，它的定位应该是教育和研究的一个服务体系，对使用者免费是它的基本需求，也是实现其功能最大化的基本保证。所以，图书馆应在一定的条件下，满足读者的需要。对个人出资的单位，可以逐步从有偿服务逐步过渡到免费服务，为广大读者提供切实可靠的信息服务，从而使政府的工作得到领导的肯定，群众的拥护，使资源共享有了坚实的群众基础。

（二）平等自愿和互惠互利原则

在平等自愿、互惠互利的基础上，将各参建馆与各参与单位的利益信息资源进行整合，不仅是一种公益活动，还应充分考虑到其中的成本、效益。信息分享的理念不是无私的，而是互惠的，本着"效率优先、公平"的原则，建立了"权利和义务平衡"的基本原则，使馆员在"权利"和"责任"的平衡中发挥作用，并充分调动他们的积极性。同时，互惠与平等自愿互为基础、密不可分，各参建单位既要为各参建单位提供资源，又要分担网络运营和管理成本，为实现特色资源的持续发展，还应对享有该服务的使用者进行适当的收费。这一方面是对资源供应商的一种经济补偿；另一方面，可以通过成本的大小来调节资源的使用，也可以限制资源的使用。

（三）图书馆员工权益保护原则

在现代化过程中，专业技能将会成为企业的核心竞争优势，而对从业人员的支持则是对其最大的关注，而提升自身的专业能力则是维护其基本利益。建立特色资源共享小组，对这项特色资源进行规划、考核，并将其工作人员的工作态度和贡献作为考核的一项重要内容，发挥激励和约束作用，促进全体人员的参与。

三、建立图书馆特色资源的数据库建设原则

（一）标准性原则

标准性原则是信息机构的生命，是共享资源的基础。目前有一套数据格式标准和元数据规范，这些都是基于数据处理和数据库构建的。特色资源建设单位要坚持"统一平台、统一标准、统一发布"的原则，"统筹规划、分别承担、分散建设"的要求，特色资源建设总中心统一发布分散在各地的图书馆特色资源。因此，在施工过程中，各施工单位要坚持"通用性"和"规范化"原则。需要采用统一元数据标准、符合软件设计规范、相关文献分类索引记录规则等要求、标准化特色库支持模式和标准化数据格式、库结构和搜索算法。

（二）实用性原则

在选择特色资源时，要适应社会、经济、科研发展的现实需求，注意文献信息资源的完整性和各种信息资源的相互关系，在读者使用、读者人数、资源质量等方面坚持优先，考虑普通学科，逐步改善学科覆盖面。建立起一套合理的信息资源建设体系。同时，要结合省域人力资源和技术实际，针对不同的需要，制订相应的计划和措施。建立了一个特色资源库，对于促进教育、科研、社会文化、经济建设都有重要意义。

（三）安全性原则

目前，网络环境和信息技术仍存在许多不安全因素，这给信息组织和资源的存储带来了一系列隐患。以特色资源为基础，对大量文献进行数字化处理、存储、发布、管理，并通过互联网为广大用户提供各种信息服务。

因而其安全问题显得尤为突出。在建设过程中，应选用技术成熟、性能安全、可靠的信息存储设备，并运用先进的网络管理技术，以保证网络安全、可靠的数据传输。要把海量的数据按线存储区、近线存储区进行分类，并对其进行统一的归档、备份。

（四）核心性原则

特色资源建设要从规划设计、项目评价、资源处理、资源组织、平台建设、网络服务等多个层面着手，重点放在核心、全局、整合规划、合理布局、分工合作、阶段性布局建设上，重点建设特色鲜明、资源优势明显的项目，才能形成一个具有较强整体功能的信息资源体系。

（五）法律性原则

数据库建设是一项系统工程，知识产权保护是其中一个重要方面。数字资源的处理、组织、管理、传播和使用都是保护数字资源。构建特色文献库，必须根据不同的法律形式，尊重不同著作权人的权利意志，采用差异化原则，有效地共享和使用信息资源。特色资源的共建与共享，要严格按照《知识产权法》的规定，资料来源要明晰，所公布的资料要符合保护知识产权的规定，从而确保数据库的可持续发展。

第三节　图书馆特色资源共建共享的策略

图书馆拥有丰富的文献资料，是图书馆为广大读者提供服务的基本条件。当前，由于互联网时代的到来，人们的学习和获得方式已经发生了变化，面对着大量的文献资源，用户的耐心也越来越少，读者的需要也越来越难掌握。因此，图书馆必须有差异化的服务，同时要有自己的特色。在现代信息技术的飞速发展下，各馆的特色资源可以通过资源的共享来实现，从而达到资源的最大化利用，进而为教学、科研工作提供科学依据，从而推动地方的文化、经济发展。

一、特色资源共建共享的战略选择

随着时代的发展，图书馆已不是单纯的"藏书楼"，不同地域、不同类型的图书馆在建设特色资源时，应突出地方特色、学科特色和历史特色，以促进特色资源的共享。

（一）建设特色文化资源

区域特色资源，是指在区域经济、文化、历史、地域特点的基础上，依托本地区和单位的优势学科，在云南、西藏、内蒙古、新疆等少数民族地区的民族文化、民俗传统和地理地貌特征。在历史的长河中，各个民族都有自己独特的、丰富的民族文化，这是我们民族问题的独特资源，是其他民族所没有的。各图书馆可以根据当地的风俗习惯，积极发掘民间的实物和非实物的民间内容，形成具有鲜明特点的民间文化收藏。民俗是人类所创造的物质和精神文明的历史积累，民间文化是一种社会生活方式，它是一个民族深厚文化积淀的产物，是中华民族先进文化的重要组成部分。同时，各馆还可以根据区域的政治、经济、社会、文化特点，搜集具有区域代表性的研究课题、出版物、专题等资料，以及与地方政治、经济、文化发展紧密相关的资源，并建立具有研究层次的图书系统和地方特色的地方文献。它不仅能凸显独特的地域特色，还能为学者们对当地民俗风情的研究、新修方志的编纂、旅游资源的开发、传统经济的发掘提供有益的借鉴。

（二）挖掘历史文化特色资源

图书馆要维护、整理地方史前文化、族谱、人物、地方史料等历史文化资源。图书馆可以逐渐收集整理本地各大姓的族谱、家谱以及历代贤达的著作、手稿、传记等文献，并将其编入自己的收藏系统。透过这些内容，我们可以了解到社会结构、宗教制度、民族史、家族史等的珍贵历史文化，为社会学、人口学、民族学、经济史及文艺创作提供珍贵的史料，并从这些史料中发掘出与当地社会经济发展的联系和规律，从而推动经济发展，弘扬当地的文化特色。为读者的阅读、教学和研究提供第一手的信息。

（三）发掘特色资源，突出馆藏特色

"馆藏特色"是指其他图书馆没有或仅有的一些特殊馆藏，或者由于分散于各地，很难被利用，存在着稀缺性、不可再生性、文化或学术独特性、系统积累和传承等特征。信息技术的普及给图书馆的发展提供了新的条件和新的要求。

（四）构建特色资源，突出学科特点

同时，要加强图书馆服务信息的多向性，要不断深化特色数据库，有计划、有重点、有步骤地扩大馆藏文献信息的空间，以最大限度地满足不同类型的读者需要，充分发挥图书馆的作用，使图书馆真正成为一个真正的文献信息中心、学术交流中心、文化教育中心、科研成果中心。

二、实现特色资源共享与共享的战略

（一）加强对特色资源共享的理解

在信息技术飞速发展的今天，人类必然会进入一个新的、全球化的、网络化的时代。图书馆信息资源的建设与共享也是图书馆信息化建设的必然要求，也是人们充分发挥其作用的必然要求。所以，图书管理人员必须从根本上改变以往"等、靠、要"和无所作为的工作态度，克服求稳怕乱、封闭保守的落后思想，改变重藏轻用以及满足于自给自足的工作作风，彻底扭转"大而全"和"小而全"的"保守"的思想，从小到大，由点到面，由浅入深，循序渐进，在最短的时间内，构建出具有特色的资源共享和保障系统。

（二）强化组织保障，促进共建共享

图书馆特色资源的共建共享和文献信息资源的共享是一个广泛、渗透性强的巨大、复杂的社会系统工程，要想做好这项工作，就必须打破分裂和各自为政的局面，解决共建和共享的体制障碍。要加强对信息资源的宏观控制，必须设立各级政府主管部门或协调工作领导小组，确定具体的目标，制定合理的政策规范，组织和协调好特色资源的规划与实施。目前，在建设自主知识产权、注重自主科技创新的过程中，我们已经充分认识到了信息资源共享的重要性。在特色资源的构建上，组织上存在着"虚设"，但在"共建共享"的领导、组织、协调和管理上具有实际意义，在组织形式上突破了现有的管理体制，尤其是科技文献信息系统的条块分割，淡化了行政隶属色彩，推进了不同系统、不同部门的文献服务机构的联合，使特色信息资源共建共享能够发挥巨大的作用。

（三）建立健全特色资源共建共享机制

首先，要对馆藏特色资源进行调研，掌握馆藏特色资源的类型、数量、学科等，掌握馆藏的任务、目的；分析重点学科、读者群体参与的环境；根据实际和潜在的特色资源利用需要，大力加强特色资源的可持续性建设，以提高特色资源的相对完备程度。唯有不断提升馆藏特色资源保障水平，方能形成本地区、本系统乃至更广泛的保护机制。其次，图书馆之间要加强交流、协调、统一规划、分工协作、互相需要、减少重复、遗漏和拓展学科领域，坚持馆际联合和资源共建共享的方式，利用馆际互借、网上信息传递等手段来拓展丰富特色资源。无可否认的是，目前纸质文献仍然是我国图书馆的主要藏书，其在我国图书馆的信息资源建设中占据着绝对的优势。由于其易于获取、价格低廉、浏览方便等特点，深受广大读者（尤其是老年人）的喜爱。由于电脑尚未普及，大部分读者的经济消费能力也受到限制，因此，图书馆的特色资源仍应该是以纸质出版物为主要内容。

（四）建立规范的特色资源工作制度

数据格式、描述语言和索引语言需要标准化与系统、系统和系统的用户交流，以满足一致的标准。文献收集、整理、加工、组织、整合、开发、公开、共享等都要有科学合理的标准，要自觉遵循，这是实现文献资源共享的重要条件。

实现不同图书馆的馆藏文献数据的互联互通，是实现文献资源共享的最有效方式。统一的编目规范，有助于实现信息的交换和传递，并能有效地节省和使用信息。为此，要加强集中、标准化建设，建立统一的文献检索系统，为集中采购、网上编目、网上检索等打下良好的基础。在标准统一的前提下，要加快建设具有代表性的大型馆藏特色资源库，支持特色资源建设。目前，我国图书馆的数据库仍然不能严格按照不统一的分类标准、标记格式进行记录，搜索软件不兼容等问题，因此，为了加强馆藏数据库的标准化、规范化建设，加强文献资源数据库建设，必须强调数据标准和数据共享原则，必须强调格式化，才能搭建起我国图书馆与世界各国图书馆的交流桥梁。

（五）完善各类网上信息服务，提升人才质量

特色资源的共享，归根到底是为广大读者服务，没有了用户，就没有了共享的意义。图书馆的建设与使用现代科技、通信技术相结合，需要不断地提升读者的资料搜寻与运用能力，培养使用者的资讯意识，让使用者尽早地掌握网络资料，提升搜寻的效率，而这些都是由现有的图书管理员的事业心、专业技术水平所决定的，所以要多途径、多层次地培养懂外语、懂专业、懂电脑的复合型人才。图书管理员不但要精通相关的知识，而且要具备一定的电脑和网络技术应用技巧，能够开发、储存和传递深层文献资料，以便于读者了解当前学科发展的动态，掌握各种新技术新方法，拓宽知识面，全面提高自身素质，建立一支与文献信息资源共建共享网络相适应的专业队伍，这是图书馆搞好共建共享工作的基本保障。

第四节　图书馆特色资源评价的概念与意义

一、图书馆特色资源评价的概念

图书馆特色资源指的是依托馆藏信息资源，针对图书馆用户的信息需求，对某一学科或某一专题有利用价值的信息进行收集、分析、处理、存储而形成的，满足用户个性化需求的信息资源的综合。而评价字面意思就是评价价值，所以图书馆特色资源的评价，具体来说就是根据建设目标和相关标准对图书馆现有的特色资源进行测量和衡量，做出客观、公正、合理的综合评价。从而找出特色资源建设状况与希望取得的目标之间的差距，以寻求解决方案，进一步推动图书馆特色资源建设事业发展的过程。

从内涵上讲，人们对图书馆特色资源评价的主流观点有两种。一种是狭义的特色资源评价，是指图书馆对某一类特色资源及其在特定时间内的效用进行系统化描述的过程，即按照一定的标准对特色资源的规模、质量和利用情况进行测量、分析和判断所得到的评价结果可为该类特色资源的进一步建设提供数据支

持。另一种是广义的特色资源评价是指对图书馆特色资源建设体系、运行状态和效果的综合衡量和确定。其基本功能是检测，即通过对特色资源的检测，反馈相关信息，从而为控制特色资源的建设进程和科学决策提供客观依据。

无论哪种内涵，其本质都是相同的，都是图书馆为加强文献资源建设，提高文献信息质量和利用率而采取的措施。图书馆特色资源评价的根本目的在于了解特色资源是否符合图书馆的建设宗旨，是否能满足读者的需求，有哪些特点和不足等。并通过对特色资源建设活动的成果、工作效益、系统运行状况和能力的全面总结和衡量，认识和分析存在的不足，从而制定科学合理的资源建设政策，为读者提供更好的服务。

二、图书馆特色资源评价的意义

对特色资源进行评价是目前图书馆馆藏发展工作的基本内容之一，它的重要性不仅在于通过评价可以正确地描述馆藏特色资源，并获得有关特色资源的范围、深度和科学研究程度等可靠信息，还能进一步辨析图书馆特色馆藏的强弱所在，并能把过去一段时间里特色馆藏的发展情况反馈给图书馆管理人员，为制定或修改特色馆藏发展政策，开展特色馆藏补充、复审、滞书剔除等工作提供直接或间接的指导。

（一）测量图书馆活动状况，为改进工作提供依据

通过对图书馆特色资源建设情况、服务情况、利用情况等内容的评价，可以更好地了解特色资源建设是否符合图书馆的建设宗旨和发展方向，并确定图书馆特色资源建设的价值和优缺点所在，为改进工作中的不足之处提供翔实的依据。

（二）帮助管理者制订发展规划

对图书馆过去一个时期中特色资源建设情况进行评价和总结，可以了解图书馆资源购置经费是否得到合理、有效的使用，从而帮助图书馆管理者对特色馆藏建设的方向和效果做出正确的判断，制定更适合图书馆发展状况的特色资源建设方针。

（三）提高人们对图书馆特色资源的认知

对馆藏特色文献资源进行评价，可以让读者参与其中，使其在充分了解馆藏特色资源的同时，找到对自己最有价值的文献。这样一方面可以使馆藏文献资源得以充分利用；另一方面还可以提高读者对图书馆特色资源乃至对图书馆整体资源的认知程度。

（四）激励馆员的工作热情

对馆藏特色文献进行评价，评价的不仅是特色资源本身，还有相关的服务等内容。通过评价，一方面可以加强馆员对特色资源的熟悉程度；另一方面还能使馆员认识到自身服务的优点和不足，从而扬长避短，为读者提供更为优质的服务。

第五节　图书馆特色资源的评价标准与方法

一、图书馆特色资源的评价标准

标准是衡量事物和比较相似事物的标准。目前关于图书馆特色资源评价的标准有多种意见，如文献标准，即基于特色文献本身特点的标准；社会本位，即以特色文献满足读者文学需求的能力和文献利用程度为标准；系统标准，即以系统为核心，在系统内部同时考虑系统内的地区差异，制定出不同水平系统的标准；等等。但常见的评价标准主要有数量评价标准、质量评价标准和文献效能评价标准三种。

（一）数量评价标准

一直以来，传统图书馆封闭的办馆思想和"重藏轻用"的价值取向决定了图书馆文献资源的评价一般以馆藏量为主要标准，这一指标也是由图书馆的管理体制、服务意识和功能定位所决定的。不可否认，任何类型的图书馆要发展，都离不开一定数量的文献资源的保障，因此量化的评价标准也适用于图书馆特色资源的评价。特色馆藏的评价标准主要包括以下几个方面。

1. 特色文献资源保障率

特色文献资源保障率是指特色资源的目标读者拥有特色资源的平均数量。因为文献资源的数量是图书馆开展服务工作的物质基础，也是衡量一个图书馆资源建设状况的主要标志之一，更是图书馆制定特色资源发展战略的重要依据之一。在评价特色馆藏数量时，要注意适用性，因为如果人均特色资源数量过低，会影响用户的使用效果。如果人均特色资源数量过高，会造成资源的闲置浪费。因此，在实际工作中，应注重特色资源的增加与满足读者文献需求能力之间的比例关系，以保证特色文献的建设规模，避免资金和资源的浪费。

2. 读者满足率

读者满足率是指读者在实际使用中获得的文献数量与其实际需要的文献数量之比，考察特色资源满足读者需求的能力。特色文献资源建设的根本目的是最大限度地满足读者的专业文献需求。

一方面，如果图书馆特色文献资源的品种齐全，数量上能够形成规模，就能更好地满足读者的需求；另一方面，对于单个的图书馆而言，不可能也没有必要完全满足所有读者对特色文献资源的需求。因此，图书馆要根据自身的经费、读者群等指标制定出满足读者需求的文献资源的合理比例，并通过馆际互借、资源共享等方式来进一步提升文献资源的保障率。

3. 特色文献资源覆盖率

特色文献资源覆盖率是指特色文献在图书馆各领域馆藏中所占的比例，是衡量特色文献馆藏完备性的重要标志。从文献资源的整体建设来看，覆盖率越高越好。但就单个图书馆而言，某一方面（即主要服务对象）的文献收藏应根据需要和条件达到较高的完备程度。否则很难形成文献收藏的特色，读者的满意率也会降低。总体而言，各个图书馆应根据自身需求和可能的条件，选择本馆的特色资源重点收藏，进行特色资源建设。

4. 特色文献资源增长量

特色文献资源增长量的评价内容在于确定增长的数量是科学的、合理的，还是不合理的。一般情况下，把特色文献年平均增长量作为其增长量指标。特色文献资源增长量过低，会造成馆藏特色文献贫乏、知识断层，读者利用文献受到限制；特色文献资源增长量过高，会造成文献利用率下降。由此可见，把特色馆藏文献增长量作为特色文献评价内容是很有意义的，它可以在适度的情况下鼓励图书馆加快文献信息资源的更新。

总之，数量评价标准能够直观地反映出特色资源的建设状况，容易操作，但该评价标准也存在一定的局限性。在强调信息资源合理配置与图书馆间合作、交流的今天，单纯地强调特色资源馆藏量的标准会引发很多问题，如单纯的数量标准会进一步加剧图书馆经费拮据的困境，会在信息资源建设上造成不必要的重复，也会降低图书馆的工作效率。因此，在采用数量标准评价图书馆特色资源时，一定要结合资源的特点，注重发挥数量标准的优势，并尽量弥补其不足之处。

（二）质量评价标准

特色文献资源的质量评价标准主要有两个：一个是利用率标准；另一个是效益标准。这两个标准的确立是图书馆对其特色文献信息资源服务宗旨认识和判断的结果，是图书馆对其价值判断从量到质的飞跃，也是图书馆工作管理服务模式重视信息利用和投入产出核算的开始。特色文献资源质量评价标准主要包括以下几个方面。

1. 特色文献资源的结构

馆藏文献资源的结构反映了文献各部分的关系和构成，其合理与否直接影响到馆藏文献系统的整体功能。同样，特色文献的馆藏结构也是特色资源质量评价的重要内容之一。特色文献资源的收藏结构主要包括学科结构、体裁结构、文献类型结构、时间结构和范围结构。

2. 特色文献资源的利用率

利用率是特色文献资源质量和结构的综合反映。图书馆特色文献资源质量越高，读者使用频率越高。对图书馆印刷型资源而言，借阅率是对文献资源利用率最好的反映；对数字资源特别是网络数据库来说，点击率、下载率是其最好的反映。在评价时，可以重点统计特色资源中图书的借阅率、数据库的点击率、下载率，并对相关用户进行跟踪调查，获取利用率等数据，为及时调整图书馆特色文献资源配置提供参考。及时清理效率低、质量差、不能满足读者需求的文献资源，保证所藏特色文献资源的质量。

3. 特色文献资源的知识信息含量

读者的信息需求在很大程度上取决于图书馆文献资源的知识与信息含量。面对迅速扩大的文献资源市场，任何图书馆都不应盲目选择。应明确采购标准，合理使用图书馆经费，确保具有较高的学术价值、新颖的内容与核心文献的收藏。

（三）文献效能评价标准

文献效能是指以一定成本满足读者文学需求的能力。图书馆作为读者与文学之间的桥梁，其职能是在特定的时间为读者提供特定的文学。

至于使用者能在多大程度上吸收文献的知识、能在多大程度上发挥文献的作用，则完全取决于使用者自身的知识水平和创造能力，图书馆只在其中起一个中介的作用。因此，需要把评价的基点移到图书馆文献的效能上来，考察它的被利用率，而不考虑被利用后所能产生的社会效益和经济效益，因为这两种效益是难以确定的。所以可以合理地认为，文献的社会效益和经济效益体现在文献的利用上，利用率越高，文献的效益也就越大，这样就把文献的效益评价融于可度量的文献利用率评价之中。文献利用率的高低同时也是对文献内容的质量、结构等方面的综合反映。

为了全面地反映特色文献的效能，需要同时使用"特色文献周转率"和"特色文献拒借率"这两个指标对其进行评价。

特色文献周转率＝借阅的特色文献总册数/馆藏特色文献总册数×100%

特色文献拒借率＝未借到的特色文献总册数/借阅特色文献总册数×100%

特色文献利用率、特色文献周转率和特色文献拒借率从不同侧面反映了馆藏特色文献被利用的程度，是文献效能评价的主要内容。

二、图书馆特色资源的评价方法

特色资源评估是以特色资源的评估指标来衡量和评估特色资源建设、运作和组织行为的具体方法。图书馆特色资源是由不同载体的文献构成的，因此，在不同的载体类型下，其特征资源的评估方式也不尽相同。

（一）评估印刷品特色资源的途径

对版面特色资源的评价主要有文献数量评价、文献质量评价和文献效率评价三种。在实际应用中，不同的图书馆要针对不同的特点，采取不同的评估方式，并加以综合应用，力求做到准确、细致、客观。音像和缩微数据的评估方法与印刷版的评估一样，可以与印刷版的资源评估结合起来。

1. 文献数量评价法

文献数量评价法是利用各个数量指标对特色资源进行测评的方法，数量是印刷型特色资源建设规模的标志，也是特色资源建设质量的依托和保障，因此合理的资源数量是图书馆评价特色资源的标准之一。

（1）统计数字分析法

统计分析方法的优势在于容易获取，特别是从电脑管理系统中获取，有利于降低主观因素；方便了各馆间的对比，也方便了各馆的横向对比。但其不足之处是，当记录错误、分类不当、统计不一致时，其结果往往会有很大的偏差。

（2）标准公式比较法

标准公式比较法主要是运用各种标准公式对图书馆特色文献的数量进行对照，以衡量是否达到标准。最著名的评价公式是 C–J 公式，它是 1965 年由美国学者格兰普（Clapp）和乔丹（Jordon）根据公共图书馆统计资料，利用插值和归纳等数学方法提出的公式，该公式主要用教师人数、在校注册学生人数、本科优等生人数、本科所设专业数、硕士和博士学位专业数 6 个变量来评价学术图书馆藏书的充足性，具体公式如下：

$$V = 50\,750 + 100F + 12E + 12H + 335U + 3050M + 24\,500D$$

式中：F ——教师人数；

E ——在校注册学生人数（包括研究生和本科生）；

H ——本科优等生人数；

U ——本科所设专业数；

M ——硕士学位专业数；

D——硕士学位专业数。

其后，美国又出现了用于学院图书馆的 ACRL（学院与研究图书馆协会）公式，用于公共图书馆的 Beasley 公式等，这些公式都是对 C-J 公式的修正和补充。经过修正的公式也可用于对图书馆特色资源进行数量评价。

标准公式比较法的优点在于为深入比较和解释结果提供了更多可能性；缺点是不能评价质量指标，对于要测度哪些指标缺乏明确和一致的界定。

2. 文献质量评价法

对图书馆特色文献资源的质量进行评价，可选用以下一些方法：

（1）专家评价法

专家评价法是由具有专业背景的学者、专家根据被评价对象的原则和任务，直接观察馆藏中的特色文献而得出的一种价值评价方法。专家的评价内容包括：特色文献的规模、特色文献的深度、特色文献收集的缺陷等。这种方法简单易行，容易获得馆藏特色文献收藏强度的初步信息。它不仅可以对馆藏的整体特色文献进行评价，还可以对地方特色文献进行评价。但其致命弱点是过于依赖主观判断，结论受专家知识水平影响较大。如果能在评价中把这种方法与其他方法结合起来，就能发挥这种评价方法的独特作用。

（2）读者评价法

读者评价法一般采用与读者讨论、问卷调查等方法。问卷调查法是全面的，但需要注意的是，问卷的设计内容要有重点。对于公共图书馆来说，一方面，其评价者要选择各学科的专家、教授和学科带头人，因为他们都具有丰富的学术知识，了解所在学术领域最新、最深、最具代表性的文献信息，对文献质量的评价能力强，最具权威性；另一方面，有必要对大学生进行调查，因为大学生是图书馆最大的读者群，也是利用文献资源最活跃的因素。他们思维开阔，思维敏捷，对新知识、新事物有一定的评价能力。通过对它们的调查，可以获得有效的信息，从而提高图书馆特色文献资源的建设。

对于公共图书馆和其他类型图书馆而言，也要针对其特定读者群进行调研，以获取有参考价值的数据。

（3）书目对比分析法

书目对比分析法是指将图书馆的特色资源与本领域、本行业的标准书目、核心书目进行比较，从数量、品种、体裁、一些重要著作等方面检查图书馆特色文献的不足，从而评价特色资源的质量。利用书目比较分析法评价特色文献有两个基本条件：第一，一部分文献被公认为某一学科的核心文献；第二，所选数字必须经过各学科专家的精心设计。

该方法有一定的适用范围，可用于某一领域、某一行业印刷型特色资源的评价，但不能用于一些特殊的特色资源评价，如学位论文等。书目比较分析法灵活简单，可以直接确定馆藏特色文献的不足之处。虽然近年来国内出版的大型综合性图书书目很少，但书目比较分析法仍是衡量印刷型特色馆藏质量的主要方法之一。

（4）引文分析法

引文分析法是文献比较分析和引文研究的结合。它是由专家通过对文献的引用情况进行分析和研究而编制的文献目录，通过对馆藏特色文献的比较和检测来确定馆藏特色文献的质量和保证率。主要用于分析特色资源支持读者从事学术活动的能力，评价特色资源的利用情况或可能利用情况。

操作方法如下：

①选取有代表性的本馆读者的研究成果（专著、论文、研究报告、学位论文）；②比较所选研究成果中的参考文献和引文（参考文献和脚注、尾注等）；③统计参考文献和引文占图书馆特色文献的比例。比例越高，特色馆藏支持学术活动的能力越强。

通过引文分析，可以计算出特色文献的完备性，同时可以掌握读者引用但图书馆缺乏的特色文献资料，以补充图书馆特色文献的不足。这种方法最大的问题是受引用动机复杂性的影响，可能影响其评价质量。

3. 文献效能评价法

特色资源效能评价是对读者利用特色资源的记录进行统计分析的一种方法。通过效能评价可以掌握特色资源的实际使用情况，从而确认特色资源的优缺点及其对读者的适用性，并据此修订特色资源开发的实施政策，使图书馆特色资源建设更好地满足读者需求，最大限度地发挥特色资源的效用。

（1）流通记录分析法

流通记录是了解读者使用印刷型特色资源的具体依据。图书馆可以根据流通记录中记载的读者类型、文献类型、语种类型、出版年份、入馆日期等内容，分析读者对特色资源的使用情况。流通记录分析有以下目的。

①了解读者最近一段时间没有使用或很少使用的特色资源，以便将其移至预留书库或更经济的存放场所，为以后延迟的图书拒收做好准备；②了解占发行量一定比例的核心资源，根据具体情况增加份数或改进服务方式，以增加读者获得这些特色资源的机会；③了解馆藏使用者的特性，以便有的放矢地建设特色资源。

流通记录分析法的主要优点是：A. 数据易于归类便于分析；B. 时间跨度和样本大小可以灵活选取；C. 流通记录容易计算；D. 流通分析中所得信息是客观的；E. 自动化的流通系统可能产生常规统计数据中的一部分；F. 读者类型可以和文献类型相关联。流通记录分析法仍是文献评价的一种常用手段。

（2）阅览记录分析法

通过对阅读记录的分析，可以知道阅览室的特殊资源是如何被读者利用的。

要求读者将阅读过的书刊放在指定的地方，如阅览室的小书桌、图书车等。图书馆定期收集读者遗留在指定地点的书刊，并进行统计。比如利用计算机集成管理系统中的"馆内流通"功能，统计读者使用的特藏记录；根据一定时期的统计结果，对特色资源的利用情况进行分析和评价。比如找出利用率高或低的特色资源，分析原因再处理。

阅览记录分析法的优点在于：比其他方法更能体现读者在馆内的使用情况，可以与同一部分馆藏的流通分析结合起来使用，以提供特定馆藏特色文献更精确的使用信息；也可以将文献类型与读者类型互相关联起来，更适用于非流通馆藏文献，如参考书、工具书、非书资料等的使用分析。

此方法的缺点在于：时间的选取（如使用高峰和低谷的不同阶段）可能会对结果产生影响；流通中的文献不适于馆内使用研究，而且这种方法和流通分析一样只显示成功的情形，不能反映读者查询失败的情形。

（3）馆际互借需求分析法

馆际互借需求分析方法在某种程度上代表了馆藏文献的使用情况，因为它表明虽然馆藏文献没有，但读者仍然需要。一般来说，馆际互借的需求应该被视为一部分读者的文献需求未得到满足的标志。因此，通过分析馆际互借需求的数量，我们可以确定哪些领域的文献收藏不能满足读者的需求。

馆际互借需求分析方法有三个优点：①统计数据相对容易获得；②分析基于已知需求的文献，因此可信度高；③能够识别不断变化的读者需求或馆藏特色文献的不足。然而，这种方法也有缺点，如统计数据可能难以解释，被忽略或无法反映那些在其他地方寻找文献的读者。

（4）文献提供测试法

文献提供测试法是用来评价在读者需要文献时，图书馆提供文献的能力，此种评价方法也适用于特色文献的评价。修正后的评价项目包括以下几个方面：①图书馆特色文献支持特定学科需求的充分性；②图书馆提供特色文献的速度；③读者为获取特色文献所付出的努力和时间；④提供所需文献和滤去不需要文献的准确程度。

一般而言，文献提供测试法要用一定数量的假设书目（最有可能是读者要求的）检查收集的文献，分析图书馆能提供的文献比例，目前能提供多少文献，提供全部文献需要的时间。因此，这种方法本质上是通过模拟读者的信息需求来评估图书馆提供特色文献的能力。

文献提供测试法评价特色馆藏文献的优点在于：提供了关于藏书满足特定读者需求的能力的客观信息；数据具有可比性，便于不同图书馆之间的比较；这种方法易于设计、理解和使用。其缺点是：在调查实际供应能力时，很难编制出有代表性的测试表或参考书目；因为馆员进行测试和研究，不能真实反映读者在检索文献时遇到的困难，可能会低估读者面临的问题，因为读者没有完全掌握图书馆的检索技能；需要重复测试或与其他库进行比较，以使测试结果更有意义。

（5）书架可得测试法

书架可得测试法实质上是文献提供能力测试的另一方面，这种评价方法实施的过程是：当读者进入图书馆时，请读者在调查单上填写其所需要的文献并自行查询馆藏，其后读者在调查单上注明是否获得所需文献。如果读者查询失败，则由馆员重复查询，以找出读者查询失败的原因。这种方法实质上是对读者查询馆藏文献实际能力的分析，以及对读者查找失败原因的研究。可得性研究的重要性不仅在于确认虽有读者查找，可是图书馆并未收藏的文献，还在于可以揭示本馆服务的弱点，找出读者查询失败的真正原因，如根本没有收藏、外借、文献丢失或排架错误等。书架可得测试法一方面有赖于读者合作，另一方面它仅适用于到图书馆查询特定文献的读者。此外，设计和实施书架可得性测试不仅较难而且耗时，所以该方法并不常用。

（6）读者调查法

读者调查法是图书馆通过问卷调查或对读者的访谈，直接了解馆内文献满足读者需求程度的一种方法。

读者调查一般集中在以下四方面：①不同种类的文献与服务的读者需要；②读者了解到文学作品所需要的程度；③提高文献质量，提高服务水平，改善图书馆工作；④不同类型的文献及服务的读者使用状况。

通过对读者进行细致的调查，可以使图书馆对不同类型的读者的需要进行分类，从而反映出读者的阅读兴趣和发展趋势，进而使图书馆对特色文献的定位更加清晰，同时也能对尚未与图书馆进行沟通的读者产生积极的影响。图书馆应以收集读者对特色资源的意见为主要内容，以访谈、问卷调查等形式与读者沟通，了解读者利用特色资源的状况，并提出发展特色资源的建议。

读者调查法也有其不足之处：好的调查表不容易设计；调查所得数据的分析和解释并不那么容易；读者可能会不予以合作；许多读者并不了解图书馆期望他们做什么，所以读者不能断定何为完备、何为不完备；调查可能会记录一些并不反映实际意愿的意见，这样可能会给结果带来一些偏差。

（二）数字型特色资源的评价方法

1. 数字资源评价的基本内容

数字资源的评价主要是对数字文献的绩效进行评价，它是衡量和评价数字文献的利用状况和影响读者的效用，即输入与输出的利益关系。这是一个重新审查以前的图书馆预订的数字文件的方案和决定。本节从数字文献的业绩评估出发，对以往的数字文献开发策略进行评估，并对其进行改进，以便为今后的管理和决策提供科学的参考。数字文献的业绩评估，同纸质文献的评估一样，都要通过各种方式的互相印证，最终才能得到一个客观的结果。

（1）特色资源数字化评估的要点

①数字化特色资源的数量。

②特色的数字化资源有图书、期刊、文摘、事实数据库等。

③专题资料的年代跨度，也就是所选文献的年代。

④数字化特色文献的内涵丰富，也就是所收录文献的种数、册、篇数。

⑤在专业数字资源中，论文全文所占比重等。

⑥特色数字资源所包含的出版物的权威、作者、文章在学科领域的影响、受欢迎程度等。

⑦有特色的数字资源出版者的权威，也就是出版单位的声望和学术影响。

⑧数字化特色资源所包含的文献内容完整。

⑨数字资源的特点是：新的文献内容，经常更新。

⑩特色数字资源所包含的文献与其他数字化资源所包含的文献的重复比例，以及不同类型的文献资源的重复率。

（2）功能评估中的数字特色资源

在评价特色数字资源内容的基础上，还应建立一个具有特色的数字资源检索体系，这一体系的质量将直接关系到用户对其信息的利用。

①查询接口。友好和专业的检索接口。使用方便、专业、学术水平越高的用户接口越容易为用户所接受，使用效率越高。

②信息检索的技术和途径。具有丰富的检索入口、丰富的层次、丰富的检索领域、丰富的检索方法、技术和策略等信息资源，使读者更容易接受和使用。

③查询结果的处理。在检索过程中，读者是否能够对所搜索到的文献进行标记，并根据相似度、时间、词顺等因素对所搜索到的文献进行分类，从而影响到数据的利用和使用。

④查询的有效性。在数字资源的使用中，对数据的响应时间、拒绝访问次数、检索失败次数等都会对数据的利用产生一定的影响。由于检索技术的差异，导致查全率和准确率存在差异，难以确定其价值，本节未将其纳入评估范围。

（3）评估特色数字资源服务提供者的质量

网络服务商的服务水平直接关系到数字资源的品质和用户的可用性。

①管理资讯体系。供应商所提供的数字资源的 MIS 是否具有对图书馆的管理权限（即在此基础上开发和允许用户进行访问）；它是否能够及时地向使用者提供反映资源质量特征的真实、全面、及时地反馈使用者所需的资源使用情况或试

用报告等。

②数字资源的价值。服务提供者提供的数字资源，可否提供下列服务：参考文献、引文、资源报道等服务；全文文献传输服务；调整输出格式；进行二次检索；全文浏览下载；数据库导入；投稿指南；邮件服务。

③技术指导。供应商提供的数码资源有没有使用资源的协助系统，有没有为使用者举办讲座等。

④处理问题或故障。供应商的服务是否能够保证在资源使用过程中，及时处理各种问题，并提供合理的解决办法。

⑤由出版者所提供的服务。出版商提供的资料传输方式是因特网或局域化镜像传送，资料的访问是 IP 位址或使用者名或密码登录，存档方式为资料加密或公开资料，以及是否有用户数量限制等。

⑥费用的计算。在购买了数字资源之后，也要考虑到它的成本，例如：每一次下载全文的成本（全文的使用成本），每一次检索地点的成本（次均使用成本），每个目标读者的使用资源的成本投入（读者人均服务成本），备份文档所需要的设备、维护等成本投入（后备文档成本）等。根据本馆的资金状况，对每年的续订、停订进行费用核算。

(4) 网络文献评价

网络文献是电子型文献中一种比较特殊的形式，除了一些与电子文献相似的评价指标外，对其评价还要关注以下内容。

①可信度评价。由于其自身的多样性，可以从不同的角度对其进行评估，并根据其自身的开放性特征，对其进行评估时，应当从其可信度出发。由于互联网作为一种公开的媒介，没有完备的审查制度，因此，网络文献中充斥着各种虚假、粗糙的信息。可信是一种较为抽象的概念，具体的做法是根据网上文献的来源来判定其是否真实。网上文献的来源是指网上文献的生产单位和制造网络文献的单位：个人和机构。私人生产单位是指个人或以个人名义成立的私有网站，在网上自由地传播各种资料，但由于未经有关部门审查，且内容具有随意性，因此可信度不高。组织型的生产单位是指企业、学术机构、政府部门等，它们在网上出版的作品要接受相关部门的管理和审查，具有很高的可信度。

②评估机构的层次。网络文件的组织性是指对其信息内容进行处理和加工的

程度。网络文献的信息内容存在着文本、图像、声音和视频等多种形式，这些数据在网络文献中的排列是否合理，是否存在相互关联，从而影响到网络文档的阅读。网络文献的出版往往依赖于网站，而网站的组织状况对网络文档的质量也有一定的影响。通常，使用数据库技术进行文献管理，或者使用数据库技术的网站，其网络文档的质量较高。

③对网上文献的利用进行评估。另外，网络文献的可用性也是制约网络文献价值的重要因素。而利用互联网的便利程度也反映在其开放的程度和可查询性。

网上文献的可及性。大部分网上文献都是完全开放的，而且可以免费下载。此类网络文学具有庞大的受众群体，可以在不同程度上获得用户的反馈。目前，在各个网站的网上文献推荐、评比中，这些文献占据了很大的比重。

网上文献的检索。这也是影响网络文献利用效率的一个重要因素。网络上的各种文献种类繁多，有些是可以查询的，有些是无法查询的，所以一篇文章能否被检索到直接关系到它的使用价值。网上文献的可检索性也与其处理的程度相关，网上随意公布的文献很难被人发现，而由机构出版的网上文献一般都是在拥有优良的搜索软件的大网站上，这种网上文献的检索更容易、更方便被使用者所接受。

网络文件的可靠性。即一份网络文件的存取时间，随着时间的推移，其稳定性也会随之提高。互联网上的信息可以迅速地改变，但是，由于网络文件的内容价值是通过对其的利用程度来反映的，而稳定的网上文献更便于用户在一段时间内重复使用。具有较高学术价值的网上文献也经常被印版的文献所引用。

2. 评估数字资源的特定途径

（1）以数据为特征的数据分析方法

利用数字化特色资源统计方法，对馆藏数字特色资源的种类、数量、经费与所占比重进行统计。运用数字化资源分类统计资料，可以对数字化特色文献的规模和增长、构成成分和资源的最优分配进行评估。

数字资源的统计分析是一种定量的方法，它更具有客观性，但必须有统一、规范、易操作的标准，比如数据库的数量、数据库供应商提供的数据库等，都要有详细的、明确的定义和描述，才能进行比较和分析，而且统计数据也没有任何价值。

（2）收集资料的核实

馆藏检查方法将图书馆的数字化文献资料与权威文献资料相对照，可以了解相关程度和差异，还可以使用最近的数据库发行商的目录来进行比较。馆藏查询法是一种既有定性又有定量的特点，又是一种十分有效、实用的方法。缺点是，一些权威文献作为比较工具，并不适用于不同的图书馆；另外，由于系统中的信息不能及时更新，所以使用时要注意选用最新的版本。

（3）专家评定方法

"专家评价"是指对数字资源状况有一定了解、有一定的采购和管理经验的专业人士，对其进行评价。通过对数字资源的考察，专家们对数字资源的规模、类型、内容的广度和深度进行了分析和评价，肯定了它们的优点和特点，指出了存在的问题并给出了相应的对策。专家评价方法也被称为直接归档分析，它具有快速、直接的特点，适合于选择图书馆的特色资源。但是，由于专家评价是定性的，无法提供可比较的资料；而且，在评定的时候，也会带着一定的主观因素。所以，所聘请的专业人员必须具备较高的信誉度，才能确保其可信。

（4）运用统计学方法

运用统计方法，就是运用统计方法对数字资源的使用情况进行分析。利用统计资料是读者对数字资源的实际、客观的记录，而且大多是由系统自动进行的。目前，绝大部分的出版商和数据库的整合商都可以提供使用统计，例如使用量统计、使用时间统计、IP 地址统计等，数据详尽、易于搜集。通过对所搜集到的数据进行分析，可以更全面地掌握图书馆的数字信息资源的总体利用情况，比如，在数字馆藏的特色方面，哪些数据库、数字期刊、数字图书是读者所用到的？使用的数量是多少？什么是最常用的？平均的使用费是多少？哪个资料库的收费最高和最低？读者是怎样使用数码资料的？有没有使用过的习惯或经常访问的时间和地点？有什么发展的趋向等。为数字化资源采购的决策制定提供了参考。

采用统计分析法是一种很好的方法，但是它在实践中也有其不足之处，比如没有标准的界定和衡量指标，以及各种形式的统计报表；数据质量参差不齐，有些出版社和数据库公司严格遵守 COUNTER 等相关标准和规则，数据规范而丰富，有些甚至是自行制定的，数据简单化；由于资料的收集比较困难，除了一些地方的资料可以由图书馆自己提供之外，其他的资料都是由出版社或资料库来提供；有的没有统计数据，特别是资料的收集比较困难；此外，由于涉及使用者的隐私，因此不能获得使用者的个人资料，如使用者的身份。这些问题不但会对评价过程产生影响，也会对评价结果产生一定的影响，因此必须在实践中加以完善。

（5）使用者调查

本研究以问卷调查方式，探讨使用者使用特色数码资源与电子资讯服务的满意度，并依预先设定的问卷调查，以掌握各类有关问题。问卷调查可以定性和定量相结合。其核心问题在于问卷调查的设计，其重点应该是使用者对特色数码资源和服务的总体运用情况，例如：是否了解其特有的数码资源和利用方式、利用何种资源、使用方式、为什么要利用、想要获得何种资源等。问卷可以通过网络、邮件、电话、面谈等形式进行。

（6）图书管理员的评估

一方面，作为数字化文献的管理员，图书馆的更新周期、数据的完整性、检索系统的功能、用户界面的友好程度以及供应商的售后服务等方面的知识都要清楚；另一方面，图书馆人员在查阅咨询、信息服务等方面也常常使用电子文档。因此，在数字文献质量评估中，尤其是参考顾问服务人员的评估是数字文献质量评估的一个重要内容。

第六节　图书馆特色资源的评价原则

为了客观、全面、科学地衡量和评价图书馆的特色资源，在评价的过程中应遵循如下原则。

一、科学性原则

科学性原则是指理论联系实际，运用科学合理的评价方法。评价既要有一定的理论依据，又要真实地反映评价对象的客观实际情况。

考核制度也是理论和实践的结合，既要有一定的理论依据，又不能脱离现实。科学性也表现为适度，因为评估的要素很复杂，不能把所有的要素都考虑进去，所以选取评价指标时要适度，但又不能过于简单，要反映出评价内容的先进性。在评价过程中评价指标的选择、数据的选取以及计算必须以公认的科学理论（统计理论、决策科学的理论等）为依据。同时，要综合考虑图书馆的类型、目标用户群以及图书馆特色资源的内容等诸多方面的因素，科学、合理地对图书馆的特色资源进行评价。

二、系统性原则

特色资源的评价要与所在图书馆的中心目标保持一致，以图书馆的性质、功能、历史使命、馆藏结构为依据，了解图书馆的服务计划以及目标用户群，从整体系统的角度对特色馆藏进行评价。由于特色资源的评价是对系统行为的综合把握，而系统行为具有广泛性和复杂性，所以具体评价时要用若干指标来衡量。在评价图书馆特色资源时，所涉及的每个指标都是独立的，但同时又是相互联系相互制约的，在评价时必须考虑到评价因素之间的层次性和系统性。

三、客观性原则

在评价图书馆特色资源时，应站在客观的立场上，尽可能避免人为因素，选择实事求是、客观可信的评价指标，力求准确反映被评价特色资源的真实水平。在制定评价标准时，还应考虑当前图书馆特色资源的整体水平，体现不同个体之间的差异。如果所有标准都能达到或者很难达到，说明评价标准严重脱离实际。一般来说，每个评价因素都要从某个角度或侧面反映评价目标，与评价目标密切相关。同时还要对评价目标具有足够的覆盖，与评价目标保持高度的一致。

四、发展性原则

由于图书馆的特点资源在不断地发展，因此，以发展和变化为目标的评估标准和方法也要具有动态、发展的特点，只有在能够根据被评估对象的变化而进行调整的情况下，才能更好地反映其科学性。针对图书馆特色资源不断演变的问题，应在各指标的权重与分值上加以区别，使之能充分发挥其引导功能，加速图书馆特色资源的开发。例如，网络特有的信息资源是多种多样的，每一种资源都有自己的特点。评估指标应当能够充分反映信息资源的特性，从而避免单一的评估，从而使评估对象具有与被评估的特征相匹配的适应性。

五、实用性原则

根据图书馆的主要服务特征和管理的基本原则，通过专家的广泛讨论，达成共识，制定出具有适用性、实用性和可操作性的评估标准和方法。因为可行性、可操作性对于评价方法来说是非常重要的，评价方法再好如果不能够实现也是纸上谈兵，这就要求在对图书馆特色资源进行评价时，在评价指标体系的设置上要避免过于烦琐，还要考虑指标体系所涉及指标的量化及数据获取的难易程度和可靠性。在对图书馆特色资源进行评估时，要注重选取能体现特色资源发展情况的综合性指标和代表性指标，也就是以指标为特定目标，其内容要由直接或间接的方法来确定。在采用计量方法时，尽量将能够量化的指标量化，不能量化的可以用间接的方法来衡量。

六、引导性原则

对图书馆特色资源进行评价的目的在于了解图书馆相关主题领域可利用信息资源的分布及质量水平等情况，从而为有关读者利用这些信息资源提供判断依据，以便读者能够在最短的时间内，以最快的速度获取有针对性的、有价值的信息。因此，开展图书馆特色资源评价，必须以方便读者快捷而有效地选择和获取有价值的信息资源为导向。与此同时，图书馆特色资源评价既要反映图书馆建设现状和发展规律，做到符合当前实际，又要作为图书馆未来发展的依据，用超前的意识和眼光，给予其科学、准确的定位，使图书馆的特色资源建设向着更高标准、更高层次发展。

七、制度化原则

对图书馆的特色资源进行评价是改进和完善特色资源建设的重要手段，通过评价活动的开展，可以从根本上推动图书馆特色资源建设事业的发展。评价是一个循环往复且具有连续性的过程，只有通过"系统调查—评价—调整—再系统调查—再评价—再调整"这一连续运行的过程才能从根本上完善图书馆特色资源建设工作的各个环节。所以，图书馆必须经常地、有计划地开展特色资源评价活动，并建立相关的规章制度，保障特色资源评价工作的有序开展。

◆参 考 文 献◆

[1] 韩建芳，桑萍. 数字图书馆特色资源共享与服务研究 ［M］. 长春：吉林大学出版社，2017.

[2] 包瑞. 高校图书馆服务与资源开发 ［M］. 长春：吉林大学出版社，2017.

[3] 张永苏. 温州市图书馆 ［M］. 天津：天津大学出版社，2017.

[4] 夏春红，于刚，印重. 现代图书馆资源管理与推广服务 ［M］. 北京：北京理工大学出版社，2017.

[5] 褚树青. 杭州图书馆 ［M］. 天津：天津大学出版社，2017.

[6] 霍灿如. 图书馆工作四十四年 ［M］. 哈尔滨：黑龙江大学出版社，2017.

[7] 蔡鸿新. 医学院校图书馆理论与实践 ［M］. 厦门：厦门大学出版社，2017.

[8] 林育真. 我的科普图书馆：超能力神奇蜘蛛 ［M］. 济南：山东教育出版社，2017.

[9] 周宁. 图书馆特色资源建设研究 ［M］. 北京：中国商务出版社，2018.

[10] 金晓林，杨静. 图书馆特色数据库建设现状研究 ［M］. 赤峰：内蒙古科学技术出版社，2018.

[11] 熊瑛. 高校图书馆电子资源管理与评价研究 ［M］. 北京：北京工业大学出版社，2018.

[12] 刘晓辉. 现代图书馆图像数据资源建设概论 ［M］. 北京：中国戏剧出版社，2018.

[13] 谢薛芬. 浅谈高校图书馆工作 ［M］. 杭州：浙江工商大学出版社，2018.

[14] 李瑞欢，李树林，董晓鹏. 公共图书馆工作实务 ［M］. 北京：现代出版社，2018.

[15] 陈进. 大学图书馆泛学科化服务体系 ［M］. 北京：海洋出版社，2018.

[16] 李泽华，张建雄. 2017 国土资源探索与研究 [M]. 昆明：云南大学出版社，2018.

[17] 蒋楹. 图书馆特色资源共享与服务研究 [M]. 延吉：延边大学出版社，2019.

[18] 李国翠，郭旗. 图书馆资源建设与管理艺术 [M]. 长春：吉林美术出版社，2019.

[19] 林团娇. 数字图书馆资源建设研究 [M]. 延吉：延边大学出版社，2019.

[20] 朱丽君，卫冉，肖倩. 图书馆管理与智能应用 [M]. 长春：吉林人民出版社，2019.

[21] 耿志明. 高校图书馆资源建设与实践研究 [M]. 长春：吉林出版集团股份有限公司，2019.

[22] 周甜甜. 高校图书馆管理与读者服务研究 [M]. 延吉：延边大学出版社，2019.

[23] 杨杰清. 现代图书馆管理实务 [M]. 北京：现代出版社，2019.

[24] 刘文文，邱晓辰. 新技术环境下大学图书馆创新与发展研究 [M]. 北京：中国商业出版社，2019.

[25] 刘金林，聂亚珍. 地方文化特色历史课堂与学科体系的构建 [M]. 北京：光明日报出版社，2019.

[26] 康桂英，明道福，吴晓兵. 大数据时代信息资源检索与分析 [M]. 北京：北京理工大学出版社，2019.